Cornelia Miskiewicz

Mit Kindern Spiritualität leben

Briefe an Kinder und Briefe an ihre Eltern

via nova
Verlag Via Nova

Cornelia Miskiewicz

Mit Kindern Spiritualität leben

Briefe an Kinder und Briefe an ihre Eltern

via nova
Verlag Via Nova

1. Auflage 2004
Verlag Via Nova, Alte Landstraße 12, 36100 Petersberg
Telefon: (06 61) 6 29 73
Fax: (06 61) 9 67 95 60
E-Mail: info@verlag-vianova.de
Internet:
www.verlag-vianova.de
www.transpersonal.com

Umschlag: Marketing Design Service GmbH, Hamburg
Satz: typo-service kliem, 97647 Neustädtles
Druck und Verarbeitung: Rindt-Druck, 36037 Fulda

ISBN 3-936486-54-9

In Liebe und Dankbarkeit
meinen Kindern und meinen Schulkindern
gewidmet

Inhaltsverzeichnis

Das Vorwort für die Erwachsenen	9
Das Vorwort für die Kinder	15
Woher wir kommen	19
Liebe Mutter! Lieber Vater!	19
Guten Morgen, liebes Kind!	23
Was geschieht beim Tod und danach?	41
Ein Schnurps grübelt	41
Liebe Eltern!	42
Liebes Kind!	52
Über Engel und Elfen	67
Liebe Eltern!	67
Gute Nacht, mein Kind!	74
Guten Morgen!	93
Von Jesus Christus	103
Liebe Eltern!	103
Frohe Weihnachten, liebe Kinder!	109
Grüß Gott, mein Kind!	115
Mein liebes Kind!	119
Frohe Ostern, liebe Kinder!	122
Liebe Schwester, lieber Bruder!	131
Unsere feinstofflichen Körper und die Chakras	145
Liebe Eltern!	145
Liebes Wesen!	146
Vom Beten	163
Liebe Eltern!	163
Liebes Kind!	166
Benutzte und empfohlene Bücher	179

Das Vorwort für die Erwachsenen

In diesem Buch möchte ich Eltern und Kinder ansprechen. Es gibt Teile in einer kleineren Schrift für Erwachsene und Teile in einer größeren Schrift für Kinder. Beim Schreiben dachte ich an Kinder im Alter von neun bis zehn Jahren. Aber auch von den jüngeren können viele Kinder die Kinderteile selbst lesen. Ihrem kleineren Kind können die Eltern das Buch vorlesen oder erzählen, wenn sie meinen, dass der Inhalt schon interessant ist.

Es gibt einige Kästchen, in denen die Kinder selbst etwas zeichnen oder malen können. Natürlich ist es gut, wenn jedes Kind so viel malt und gestaltet wie möglich. An einem eigenen, gedruckten Buch zu arbeiten, das auch den Eltern mit gehört, ist aber doch noch etwas ganz Besonderes. Das Buch wird dadurch sehr wertvoll. Ich füge auch ein paar Seiten ein, auf denen die Eltern Botschaften und Erinnerungen für ihre Kinder aufschreiben können. Vielleicht brauchen wir Platz für Notizen wie: „Heute, am 27. 1. 2005, habe ich Jakob dies Kapitel vorgelesen. Er fragte, ob ich schon mal einen Engel gesehen habe.“ Wenn Eltern dieses Buch nur als Anregung nehmen, ist das auch gut. Im Grunde soll es einfach Mut machen, sich und den Kindern Spiritualität zuzutrauen.

40 Jahre lang habe ich als Lehrerin mit Kindern meist dieses Alters gearbeitet und dabei viel von ihrer Spiritualität erlebt und von ihr gelernt. In letzter Zeit habe ich die Überzeugung gewonnen, dass es immer mehr Menschen gibt, die an esoterischen Fragen interessiert sind, die aber einen kleinen Anstoß brauchen, um den Mut zu entwickeln, sich wirklich damit zu beschäftigen. Ein solcher Anstoß möchte dieses Buch sein, denn gerade dann, wenn wir Eltern sind, können Fragen nach dem Beginn, dem Sinn und dem Ende des Lebens für uns viel bedeuten.

Dieses Buch soll für alle Menschen verständlich sein. Deswegen schreibe ich es in einem leichten Erzählton. Ich plaudere mit den Eltern und den Kindern über meine geistigen Erfahrungen mit Kindern, als Lehrerin und auch als Mutter. Ein wenig denke ich auch an die Großeltern. Bitte, fühlen Sie sich immer mit angesprochen, auch wenn ich Sie nicht ausdrücklich anrede!

Man kann das Buch Abschnitt für Abschnitt lesen, um dann selbst immer wieder darüber nachzudenken und zu reden. Es soll dazu anregen, die eigenen Erfahrungen neu zu durchleben und ihnen nachzugehen. Am schönsten ist es, wenn Eltern und Kinder das zusammen tun. Ich stelle mir das ungefähr so vor:

Die Mutter liest ihrem Kind gerade den Brief über die Elfen vor.

Kind: Mama, glaubst du, dass es Elfen gibt, diese kleinen Wesen bei den Pflanzen?
Mutter: Ich habe noch nie welche gesehen.
Kind: Ich auch nicht. Nee, ich glaube noch nie!
Mutter: Möchtest du so etwas sehen?
Kind: Ich weiß nicht. Vielleicht lieber Zwerge!
Mutter: Ja, das kann ich mir denken, so wie in dem Märchen von den drei Männlein im Walde.
Kind: Liest du mir das mal wieder vor?

Oder der Vater liest mit dem Kind den Brief über Engel.

Kind: Hast du schon mal gemerkt, dass du einen Schutzengel hast?
Vater: Ich weiß nicht!
Kind: Denk mal nach!
Vater: Ja, ich glaube damals, als mir bei der Arbeit das Rohr geplatzt ist. Ich habe dir davon erzählt.
Kind: Erzähl es mir noch mal!

Oder einem Kind fällt der Ausdruck „schlechte Zeit“ auf.

Kind: Was ist das, die „schlechte Zeit“?
Mutter: Das war damals nach dem Krieg. Da hatten die Menschen nicht genug zu essen.
Vielen Menschen ging es schlecht.
Kind: Hast du das erlebt?
Mutter: Nein, ich war da noch nicht auf der Erde. Aber du kannst Oma und Opa fragen, die haben es erlebt.
Kind: Haben die auch gehungert?
Mutter: Oma ja, die war ein Flüchtlingskind. Bei Opa gab es ein anderes Problem. Er hat seinen Vater im Krieg verloren.

Oder das Kind hat eine der Stilleübungen gelesen und kommt zur Mutter.

Kind: Mama, du hast doch schon mal autogenes Training gemacht.

Mutter: Ja, voriges Jahr, als es mir so schlecht ging.
Kind: Ging es dir dann besser?
Mutter: Ein bisschen. Ich kann das aber nicht so gut.
Kind: Sollen wir das mal zusammen machen?
Mutter: Was meinst du?
Kind: So eine Stilleübung! Hier im Buch stehen ja ein paar.

Für Menschen, die gerade anfangen, sich für diese Themen zu interessieren, kann dieses Buch vielleicht ein Einstieg sein. Ich glaube, dass auch Menschen, die keine Kinder zu betreuen haben, von einem so sanften Anfang profitieren können.

Für Menschen, die sich schon länger mit Esoterik beschäftigen, mag das Buch eine Bestätigung sein. Insbesondere will es aber bei der Abwägung helfen, wieviel und was für Kinder im Grundschulalter schon von Bedeutung und Interesse sein kann. Wichtig ist es mir vor allem, den Kindern zu ermöglichen, zu ihren eigenen Vorstellungen zu kommen. Darauf habe ich immer wieder geachtet.

Ich möchte den Kindern gerade so viel erzählen, dass sie zum Weiterdenken angeregt und nicht überfordert werden von Wissen, das sie nicht nachprüfen können. Ich möchte auch nicht, dass sie durch ihr „esoterisches Wissen“ von ihrer normalen, „ungläubigen“ Umgebung getrennt werden. Esoterisches Wissen soll für die Kinder behutsam in die normale Umgebung eingepasst sein.

Wenn unter den Lesern hellsichtige Kinder sind, bekommen sie hier eine Bestätigung, die ihnen die Sicherheit gibt, mit ihren Eltern darüber reden zu können. Und auch ihre Eltern bauen eventuelle Ängste ab, ein zu ungewöhnliches Kind zu haben.

Manches mag etwas unscharf oder gar verschwommen erscheinen. Ich halte das aber für besser, als wenn durch große Genauigkeit eigene Erfahrungen ausgegrenzt werden und das Entwickeln eigener Vorstellungen behindert wird. So werden z. B. die feinstofflichen Körper und die Chakren nur im Ansatz behandelt.

Immer soll es folgende Möglichkeiten geben:

- sich zu erinnern
- nachzudenken
- nachzusinnen
- nachzuspüren
- weiter zu denken
- anders zu denken
- zu verwerfen

– offen zu lassen
– mehr zu wissen
– anderes zu wissen
– mit eigenen Erfahrungen zu vergleichen
– sich vorzustellen.

Familien, denen es nicht so gut geht, sind vorsichtig eingeschlossen, auch wenn sie hier nicht als das Normale hingestellt werden. Ich möchte den Kindern, die eine optimale Umgebung haben, nicht unnötig Angst machen. Meine Erfahrung hat mir außerdem gezeigt, dass auch Kinder, die mit Problemen zu kämpfen haben, sich gern mit einem angenehmen Leben identifizieren, und in Elterngesprächen habe ich immer wieder erlebt, dass es Eltern viel leichter möglich ist, selbst positiv zu handeln und mit ihrer Familie umzugehen, wenn man weniger die Schwächen als die Stärken betont. Man verstärkt die Eltern damit: Es macht ihnen Mut, die Situation zu verbessern. Auch Verzeihen ist sehr viel leichter möglich, wenn eine der Familie zugrunde liegende positive Beziehung angenommen wird, an die ich im Übrigen grundsätzlich auch glaube. So hat es z. B. keinen Sinn, ein Kind darauf zu bringen, dass es möglicherweise nicht liebevoll erwartet wurde. Einen inneren Zusammenhang zwischen Eltern und Kindern gibt es auf alle Fälle.

Ich schreibe in diesem Buch über einige ausgesuchte esoterische Themen, von denen ich glaube, dass sie für Kinder im Grundschulalter interessant und wichtig sind. Das heißt nicht, dass ich es falsch finde, wenn Eltern sich entschließen, darüber hinauszugehen. Meine Themen sind: Der Beginn und das Ende auf dieser Erde, Reinkarnation, Engel und andere feinstoffliche Wesen, unsere feinstofflichen Körper mit den Chakras, unsere Religion und zuletzt das Thema: Beten, Gebet.

In den Sommerferien 1999 begann ich, an dem Buch zu arbeiten. Ich wusste, dass ich noch zwei Jahre bis zu meiner Pensionierung hatte. Die letzte Klasse, die ich bis zum Ende der Grundschulzeit führen sollte, hatte gerade das 3. Schuljahr beendet. Ich war so beeindruckt von vielen spirituellen Momenten, die ich mit ihnen erlebt hatte, dass ich unbedingt etwas davon weitergeben wollte. Wegen anderer Pflichten blieb das Buch aber immer wieder liegen. Nun, im Januar 2003 bin ich seit einem halben Jahr pensioniert und wende mich anderen Aufgaben zu. Um in dieser Plauderei über Spirituelles die Unmittelbarkeit des Erlebens zu erhalten, erzähle ich oft in der Gegenwart. Diese Gegenwart erstreckt sich aber über mehr als ein Jahr und ist in Wirklichkeit schon wieder vergangen, da die Kinder nun schon längst eine andere Entwicklungsphase erreicht haben.

Noch eins möchte ich betonen: Ich schreibe in diesem Buch auch über Dinge, die ich in der Schule nicht gesagt habe, weil ich niemanden verunsichern wollte. In der Schule blieb alles im Rahmen des im evangelischen Religionsunterricht Möglichen. Anderes und mehr schimmerte für mich aber immer durch. Und ich hoffe eigentlich, dass die Eltern „meiner Kinder“, auch der vorigen Klassen, dieses Buch kaufen. Es würde mich sehr stolz manchen.

Das Vorwort für die Kinder

Liebe Kinder!

Eigentlich habe ich dieses Buch für euch geschrieben! Aber ich habe so viele wunderbare Dinge mit Kindern erlebt, mit ihnen gemacht und von ihnen gelernt, dass ich wollte, dass auch Erwachsene das erleben. Ich dachte auch, eure Eltern müssten wissen, was ich euch da erzähle. Und sie sollten vielleicht ebenso wissen, warum ich es euch erzähle. Deswegen wollte ich mich auch an sie wenden. So habe ich mir überlegt, es könnte schön sein, wenn ich über jedes Thema einen Brief an euch und einen an eure Eltern schreibe.

Ich habe gemerkt, dass viele Kinder über Sachen nachdenken, die die Erwachsenen gar nicht so wichtig finden. Viele von euch wissen vielleicht noch, was vor diesem irdischen Leben war oder dass es Engel gibt oder dass Gott in euch selbst ist und in jedem anderen Wesen auch. Die Erwachsenen haben das oft vergessen, oft sind auch andere Dinge im Leben einfach für sie wichtiger geworden. Manchmal ist es auch eine Zeitfrage. Die Erwachsenen haben oft so viel zu tun, dass sie sich selbst und ihr inneres Leben nicht mehr bemerken. Ihr könnt euch aber freuen, dass eure Eltern dieses Buch gekauft haben. Sie zeigen damit, dass sie sich für eure geistige Entwicklung interessieren.

Es gibt auch viele Lehrerinnen und Lehrer, die nicht richtig zuhören, wenn ein Kind seine Gedanken erklären will. Das ist sehr schade! Die Lehrerinnen sind oft dadurch abgelenkt, dass sie den Kindern so viele bestimmte Sachen beibringen müssen. Stell dir mal vor, deine Lehrerin hätte wirklich so viel Zeit für dich, wie du dir das wünschst. Boh – das könnte sogar immer mehr werden, je länger du mit ihr redest! Aber da sind ja noch all die anderen Kinder deiner Klasse und auch die Kinder der anderen Klassen.

Ich war auch eine Lehrerin, und ganz oft habe ich gedacht: „Ich brauchte mehr Zeit für dieses Kind!“ Zum Glück habe ich doch manchmal Zeit gefunden, richtig zuzuhören. Und dabei habe ich sehr viel von meinen Schulkindern gelernt. Außerdem war es immer ein wunderbares Gefühl, mit einem Kind über etwas Wichtiges zu reden. Ich denke, dass ich mit Kindern zusammen einfach mehr in Gottes Nähe war. So fühlt es sich jedenfalls jetzt an.

40 Jahre lang war ich Lehrerin, meistens Grundschullehrerin. Ich war fast immer begeistert von den Kindern. Klar, ich fand es auch anstrengend, besonders wenn die Kinder sich zankten oder wenn ich jemanden nicht überreden konnte, seine Arbeiten zu machen. Und die vielen Nachmittage mit den Heften und den Mappen! Und immer wieder hatte ich ein schlechtes Gewissen, weil ich fühlte, dass ich irgendetwas hätte besser machen können. Und dann die Zensuren! Natürlich wollte ich gerecht sein. Aber es fiel mir oft schwer, eine schlechte Zensur zu geben.

Durch solche Sachen ist deine Lehrerin oft abgelenkt, wenn sie dir vielleicht nicht so gut zuhört.

Mir hat vieles Spaß gemacht! Ich merkte, wenn ich von den Mappen begeistert war, dann wurden sie das nächste Mal noch besser. Das war richtig ansteckend! Die Kinder arbeiteten begeistert – und ich auch.

Ich habe gerne mit euch Fasching gefeiert und habe mit euch gern den Rundgang durch Hannover gemacht, mit dem Blick von der Rathauskuppel und dem Lied in der Aegi-Kirche. Ich erinnere mich an euch nasse Kinder bei der großen Fontäne in den Herrenhäuser Gärten und an euer Geschrei im Irrgarten. Ich denke daran, wie ich mit euch gesungen habe, und an das Spielen in der Oker im Harz. Ich könnte immer weiter so aufzählen. Aber auch das Lernen mit euch war schön! Am meisten hat es mich wohl immer gefreut, wenn wieder ein Jahrgang lesen konnte. Und eure schönen Aufsätze! Die ersten Referate und die Theaterstücke! Die selbst erdachten Theaterstücke! Vielleicht war das fast das Größte für mich, wenn ihr spieltet und spieltet!

Aber etwas war noch größer als all das: Wenn ihr von euch erzählt habt, in der Runde, im Stuhlkreis oder im Kissenkreis. Als ein Kind sagte: „Wenn ich wiedergeboren werde, möchte ich als Pferd wieder zur Welt kommen. Pferde sind so schön, das muss toll sein!“ So ähnlich! Oder als Nils antwortete: „Das glaube ich nicht! Einmal Mensch, immer Mensch!“

Oder ich denke an die strahlenden Augen von Onel, wenn wir unsere Kerze rumgaben und dabei sangen, und dann das Lied an die Reihe kam: „Komm, wir wollen Freunde sein…“. Ich erinnere mich einfach an das Gefühl, mit euch im Kreis zu sitzen, dies Gefühl, wenn wir alle zusammen an einem Religionsthema dran waren und wir immer tiefer gingen (ja, sogar, wenn ich zwischendurch meckern musste, weil einige nicht so lange ruhig sitzen konnten!).

Trotzdem – es fehlte manchmal noch etwas! Einiges habe ich nicht deutlich genug gesagt. Manches traute ich mich nicht zu sagen. Ich habe gemerkt, dass Kinder darüber sprechen wollen, woher sie kommen und wo sie waren, bevor sie geboren werden, darüber, ob es Engel gibt oder wie es wohl nach dem Tod weitergeht. Ja, wir haben davon geredet. Aber war es genug?

Ich begann mir zu wünschen, dass auch immer mehr Eltern mit ihren Kindern über so etwas reden würden. Und plötzlich wollte ich dieses Buch schreiben.

Ich wusste schon, dass ich in zwei Jahren aufhören würde zu arbeiten. Dann fing ich in den Sommerferien an zu schreiben. Danach lag der Anfang lange herum. Ich fand nicht die Zeit zum Weiterschreiben. Nun bin ich schon seit mehreren

Monaten pensioniert. Nun will ich das Buch wirklich fertig machen, denn ich hoffe, es kann etwas Geistiges verstärken, was man zur Zeit auf dieser Erde immer deutlicher merkt: Viele Menschen beginnen, sich mit der geistigen Welt zu beschäftigen.

Das Buch soll für euch Kinder schön sein, denn ich hoffe, dass ihr es zusammen mit euren Eltern lest, etwas malt, euch darüber unterhaltet. Ich freue mich, wenn ich mir vorstelle, wie ihr zusammen mit dem Buch auf dem Sofa sitzt.

Woher wir kommen

Liebe Mutter! Lieber Vater!

Sie sind Eltern eines Kindes, das tiefsinnige Fragen stellt? Es stellt Fragen, an die Sie noch nie gedacht haben? Vielleicht erkennen Sie diese Fragen plötzlich als Ihre eigenen wieder, die Sie so lange nicht mehr gestellt haben? Ihr Kind hat Antworten auf Fragen, auf die Sie selbst nie gekommen wären? Und nun fragen Sie sich mit Ihrem Kind: Warum bin ich eigentlich hier? Was mache ich auf diesem Planeten Erde? Das hängt ja mit der Frage zusammen: Was wird mein Kind hier auf dieser Erde erleben? Warum ist es hier? Und warum ist es hier zusammen mit mir? Wird es hier eine Zukunft haben? Alles sieht so unsicher aus. Gibt es eine Macht, die dies alles in Händen hält? Und: Welchen Anteil haben wir selbst an den Entwicklungen, die jetzt stattfinden?

Haben Sie als junger Erwachsener religiöse oder spirituelle Erfahrungen gemacht, die Sie ermutigt haben, an den Sinn Ihres Lebens zu glauben? Und nun möchten Sie mit Ihrem Kind so umgehen, dass es sensibel bleiben kann für innere Dinge, für geistiges Geschehen, für unsichtbare Welten?

Sind Sie über bewusstseinsverändernde Mittel zu Erfahrungen gelangt, die Sie auf der einen Seite erfüllt haben, die Sie auf der anderen Seite aber in Gefahr gebracht haben? Diese Gefahr haben Sie stark erlebt, und nun möchten Sie für Ihr Kind spirituelle Erfahrungen auf eine andere Art?

Haben Sie schon lange einen geistigen Weg betreten, und nun möchten Sie mit ihren Kindern in angemessener Art und Weise darüber sprechen? Vielleicht möchten Sie einfach mal schauen, ob Sie durch meine Anregungen bestätigt werden?

Sie haben dieses Buch gekauft, weil Sie an Ihrer eigenen spirituellen Weiterentwicklung und an der Ihrer Kinder interessiert sind.

Ihre Frage ist nun vielleicht: Was kann dieses Buch uns bieten, damit wir alles so gut wie möglich gestalten können? Was kann diese Frau uns erzählen, damit wir etwas für uns und unser Kind daraus ableiten können?

Dazu ein ganz kurzer Abriss meines Lebens, gewissermaßen als Legitimation:

Meine Eltern waren Künstler. Mein Vater versuchte, als Maler den Lebensunterhalt für die Familie zu verdienen. Schon zu Beginn der Fünfzigerjahre begannen sie, sich für esoterische Fragen aller Art zu interessieren. Das war damals sehr ungewöhnlich. Da sie alles sehr offen im Beisein von uns Kindern diskutierten, bekam ich schon sehr früh viele Anregungen und bildete mir meine eigenen Vorstellungen. Obwohl meine Eltern einen sehr eigenen Weg gingen, weil sie ihren Wissensdurst in diesen Bereichen in der Kirche nicht befriedigen konnten, blieben sie doch Christen und versuchten, eher ihr Wissen einzubringen, wo es ging, als die Kirche zu verlassen. Diese Mischung hat mich geprägt und geöffnet.

Ich machte ein naturwissenschaftliches Abitur und liebe die materielle Welt, die hier auf diesem Planeten in Erscheinung getreten ist, mit ihren physikalischen, chemischen und biologischen Gesetzen. Und ich liebe unsere Geschwister, die Lebewesen, die mit uns auf der Erde zusammen sind. Die Gesetze, die sich auf die geistige Welt beziehen, waren dabei für mich aber immer ebenso wichtig.

Seit meinem 22. Lebensjahr arbeite ich als Lehrerin, die meiste Zeit in der Grundschule, als begeisterte Lehrerin, die mit „ihren“ Kindern sehr viel ausprobiert und immer wieder sehr viel von ihnen lernt, besonders viel als Religionslehrerin, aber auch als Lehrerin für Sachunterricht, Deutsch, Kunst und Musik!

Bevor ich 30 wurde, begann ich eine tiefenpsychologische Ausbildung zur Kinder- und Jugendlichen-Psychotherapeutin. Ich war während meiner Ausbildungszeit eine begeisterte Therapeutin. Auch diese Erfahrung bringe ich ein. Nach meiner Abschlussprüfung blieb ich aber doch Lehrerin. Ich hatte inzwischen geheiratet und entschloss mich, Lehrerin und nicht Therapeutin zu sein, weil ich als Lehrerin die gleichen Zeiten außer Haus sein konnte wie meine Kinder.

Ich habe einen Sohn, Georg, der Legastheniker war und jetzt studiert, und eine Tochter, Anna, die wir in Mexiko adoptiert haben und die jetzt Kindergärtnerin ist.

Von meinen Kindern habe ich sicher das meiste gelernt. Während ich mitten in der Erziehungsphase war, lebte ich wie unter einer Glocke, die mich von vielen Einflüssen fernhielt, auch von meinen eigenen Wünschen. Als die Kinder selbstständig wurden, hatte ich trotzdem das Gefühl, dass ich ihnen kaum etwas von meinen eigenen spirituellen Erfahrungen hatte mitteilen können. Ich muss ehrlich sagen, dass ich manches nicht gewagt habe zu verwirklichen, weil es damals zu ungewöhnlich war, weil ich nirgends anecken wollte und weil ich nicht wollte, dass meine Kinder als sonderbar und unangepasst galten. Mir war gut in Erinnerung, dass ich mich als Kind einer solchen andersgearteten Familie oft ein bisschen ausgegrenzt gefühlt hatte. Mir fehlte auch die Ermutigung. Mein Mann ist Naturwissenschaftler. Wir sehen die Dinge oft sehr unterschiedlich. Auch das hat mich dabei gebremst, den Kindern mehr zu eröffnen. Heute entwickelt er sich langsam zu einem Mystiker. Aber jetzt sind unsere großen Kinder mit anderen Dingen beschäftigt. Ich bin gespannt darauf zu erleben, wie sie in ihrem weiteren Leben mit Spiritualität umgehen werden.

Immer deutlicher für mich brach eine andere Zeit an: Das Wassermannzeitalter zeigte sich. Sie sind schon in ihm geboren worden und können sich vielleicht nicht vorstellen, was früher anders war. Es gab plötzlich ganz andere Denkmöglichkeiten. Auf einmal stand ich nicht mehr allein da. Das ist für mich eine große Freude.

Über das autogene Training konnte ich anfangen, mit meinen Schulkindern nach innen zu gehen. „Traumreisen" und andere „Stilleübungen" wurden sogar üblich, waren genehm, wurden in Fortbildungsseminaren vorgestellt und geübt. Die „reizüberfluteten" Kinder musste man ja irgendwie beruhigen. Ich lernte Reiki und später Kinesiologie, zunächst als Braingym. All diesen Anregungen und Einflüssen verdanke ich viel. Aber es machte mich auch sehr bescheiden. In diesem Buch soll auch nicht von einer wissenden Warte aus gesprochen werden. Jemand, der etwas versucht und damit viel Freude erlebt hat, möchte es einfach zur Verfügung stellen.

Um davon möglichst viel in angemessener Weise in die Schule zu bringen, half mir zuletzt besonders eine religionspädagogische Methode, die man „katholische Symboldidaktik" nennt. Nachdem ich diese Methode aufgenommen hatte, saßen meine Schulkinder so im Karree, dass alle sich immer sehen konnten (zum Glück war das zuletzt meistens zahlenmäßig möglich). Bei intimeren Vorgängen sitzen wir in der Mitte im Kissenkreis und lassen unsere Vorstellungen aus der Mitte des Kreises heraus deutlich werden. So kann eine Religionsstunde so beginnen, dass wir im Kreis eine Kerze weitergeben. Jeder darf sie so lange halten und dabei in die Flamme schauen, wie er es nötig hat. Wir geben ihm die Zeit und singen so lange ein Lied nach dem anderen. Die Musik, die Texte, die

Kerze, der Kreis, das freundliche Miteinander, all das kann eine sehr starke spirituelle Atmosphäre entstehen lassen, ohne dass darüber gesprochen werden muss. Aus dieser Atmosphäre heraus kann dann etwas in uns geschehen, und selbst die unangepasstesten Kinder werden ruhig und friedlich und haben dann oft die tiefsten Dinge zu sagen.

Gestern hatten wir Bundesjugendspiele, bei denen meine 3. Klasse voller Freude viele Urkunden errang und sogar beim Staffellauf gewann. Mitten im Geschehen setzten sie sich auf den Rasen im Kreis, um zu meditieren, wie sie sagten. Sie versuchten im Yogasitz zu sitzen, schlossen den Kreis durch den Kontakt von Armen und Beinen und machten mit den Händen ein Zeichen wie ein Mudra. Ich weiß nicht, woher sie das hatten. Eins der Kinder muss es mitgebracht haben. Vielleicht werde ich sie morgen fragen. Ich war gerührt, weil es zu allem passte, was ich mit ihnen tue, sie es aber ganz allein in Gang gesetzt hatten.

Manchmal zanken sie sich. Aber wenn eins wirklich traurig ist oder Schmerzen hat, dann kommt ein anderes und hält ihm Stirn und Hinterkopf mit beiden Händen und redet tröstend auf es ein. Sie sind auch neidisch und zickig, aber sie können doch aufeinander Rücksicht nehmen und die Fehler der anderen freundlich akzeptieren. Sie können miteinander weinen und lachen. Sie können aus Freude über die Leistung eines anderen in wildes Geklatsche ausbrechen, und einige können auch schon verbal ganz unaufdringlich und zart ihr Mitgefühl ausdrücken. So etwas lässt sich bei den Bundesjugendspielen beobachten, wie auch sonst. Aber gestern hat es mich besonders berührt, vielleicht weil zwei Väter es mit mir zusammen erlebten.

Und nun habe ich das Gefühl, meinen Schulkindern den Weg zu einem spirituellen Leben vielleicht deutlicher eröffnet zu haben als meinen eigenen Kindern. Auch deswegen schreibe ich dieses Buch. Ich möchte Ihnen Mut machen, mit Ihren Kindern einen Weg zu gehen, den Sie selbst für sich immer mehr entdecken, einen Weg der bewussten geistigen Entwicklung. Mit Ihren Kindern Hand in Hand! Manches sieht und fühlt Ihr Kind vielleicht sogar besser als Sie.

Sie dürfen Ihrem Kind Ihre Erfahrungen und Entdeckungen mitteilen und es bitten, ebenso offen zu Ihnen zu sein. Sie wissen, dass Sie niemandem Ihre Erfahrungen aufdrücken können und dürfen. Und Sie wissen, dass Ihr Kind ein eigenständiges Wesen ist wie Sie, auch wenn es noch so klein ist, ein Wesen mit einem göttlichen Kern, wie Sie. Sie achten Ihr Kind, wie Ihr Kind Sie achtet. In dieser Achtung ist das Vertrauen sicher geborgen, das Ihnen als Vater oder Mutter von Ihrem Kind entgegengebracht wird, mit dem es sich an Sie wendet, um in den ersten Jahren das von Ihnen zu lernen, was es in diesem Leben, an diesem Ort, in dieser Zeit braucht.

In diesem Sinne möchte ich jetzt mit Ihrem Kind über die Frage nach dem Anfang seines jetzigen Lebens sprechen.

Guten Morgen, liebes Kind!

„Wie hat es mit mir angefangen?“ Ist das deine Frage?

Es kommt darauf an, was man meint. Die meisten Menschen rechnen ihren Anfang von ihrer Geburtsstunde an. Du feierst ja deinen Geburtstag auch jedes Jahr.

Du bekommst Geschenke. Deine Eltern machen es dir an diesem Tag besonders schön. Vielleicht darfst du sie wecken und mit ihnen an deinen Geburtstagstisch gehen und die Geschenke anschauen. Dann stehen sicher auch Blumen und Kerzen dabei. Du zählst. Wieder ist es eine Kerze mehr.

Da ist auch das Lebenslicht. „Das musst du zuletzt ausblasen!“, sagt Mama. Manche Kinder denken sich beim Auspusten einen Herzenswunsch. Gedanken haben Kraft, das weißt du sicher schon.

Deine Eltern wollen dir zeigen, wie lieb sie dich haben. Sie haben dich ja schon lieb gehabt, lange bevor du geboren wurdest, auch wenn sie es jetzt nicht mehr wissen, und immer weiter, auch wenn sie mal sauer sind, auch wenn sie sich mal von dir gestört fühlen oder wenn sie gestresst reagieren, weil sie so viel gearbeitet haben.

Deine Geschwister, wenn du welche hast, schenken dir auch etwas oder singen dir etwas vor. Ich finde das Lied besonders schön, in dem es heißt: „Wie schön, dass du geboren bist, wir hätten dich sonst sehr vermisst.“ Kennst du dieses Geburtstagslied? Ja, ihr gehört zusammen, und das schon viel länger, als du dir das vielleicht vorstellen kannst.

Nach dem Frühstück musst du in die Schule. Da wird dann wieder gesungen. In jeder Klasse ist die Geburtstagsfeier anders. Bei mir wird immer „Viel Glück und viel Segen…“ gesungen. Jetzt, im 3. Schuljahr, klappt das schon richtig gut im Kanon. Dabei stehen die Kinder im Kreis. Das Geburtstagskind steht vor mir, dann können es alle gut sehen. Alle schauen es lieb und freundlich an. Darauf achten wir. Nach dem Kanon erzählt das Geburtstagskind, wie es am Morgen war und, wenn es will, von den Geschenken. Dabei habe ich gelernt, dass es beim Geburtstag in jeder Familie anders zugeht. Aber immer habe ich gespürt, wieviel Mühe sich die Eltern geben, um ihr Kind am Geburtstag glücklich zu machen. Sie sagen ihm damit: „Wir sind froh, dass du bei uns bist!“

Danach kommt in meiner Klasse etwas besonders Schönes. Das hat sich nach und nach so entwickelt. Die Kinder haben es so gewollt: Jedes Kind gratuliert dem Geburtstagskind mit einem besonderen Satz. Sie bemühen sich alle sehr, nicht etwas zu sagen, was schon mehrere andere gesagt haben. Es ist ganz schön schwierig, dass einem immer noch ein guter Wunsch einfällt. Aber wir machen uns auch keinen Stress, wenn doch etwas doppelt vorkommt. Ach ja, das Geburtstagskind bestimmt jedes Mal, wer ihm jetzt gratulieren darf.

Seit wir Englisch lernen, singen wir dann auch noch „Happy birthday to you…“ und „For she (he) is a jolly good fellow…“. Dann darf das Geburtstagskind etwas Leckeres an die anderen Kinder verteilen. Es ist so schön, anderen etwas zu geben! Und es ist so toll, etwas geschenkt zu bekommen! Ein Kind darf dabei Helfer sein. Und das ist auch wieder so schön. Es macht solchen Spaß, beim Verteilen zu helfen! Ich kriege natürlich auch etwas, weil ich auch so gern nasche. Ja, und weil ich es auch schön finde, wenn mir ein Kind etwas schenkt. Das ist dann etwas anderes als Üben, Lernen, Reden und Schreiben.

Nun bekommt das Geburtstagskind auch die Kerze auf den Tisch, und es darf noch etwas Kleines aus meiner Krabbelkiste nehmen. Gerade hatte ich „Diddelblöcke“ reingelegt. Und nun sind sie schon nicht mehr *in*. Deswegen hat Maja sich heute einen kleinen Porzellanhund ausgesucht. Ich fand ihn auch süß. Nils meinte, ich müsste jetzt Pokemonkarten reinlegen. Aber ich will doch nicht jede Mode mitmachen.

Und wer ist dann zum Kindergeburtstag eingeladen? Dennis, Alexander, Jan Moritz und Jannick! Oder Julia, Kewa und Barbara? Die Einladungen habt ihr ja schon ein paar Tage vorher verteilt. Es ist so gut, Freunde zu haben! Manche magst du besonders gern. Trotzdem möchtest du am liebsten ganz viele einladen. Aber Mama erlaubt nicht alle. Sie sagt: „Das wird mir zu stressig!“ Manche Kinder feiern ihren Kindergeburtstag auch am Wochenende, weil dann alle Zeit haben. Und Papa kann bei den Spielen helfen.

Dann kommen am Geburtstagsnachmittag vielleicht noch Oma und Opa und vielleicht euer Lieblingsonkel oder eure Lieblingstante. Jetzt begreift ihr ja, dass die Geschwister eurer Eltern mit denen mal klein waren. Oma und Opa waren damals jung und die Eltern von eurer kleinen Mama oder eurem kleinen Papa. Die Großeltern sagen: „Es ist noch gar nicht so lange her, da war deine Mama (oder dein Papa) noch klein!“ Das kommt dir aber komisch vor! Das muss ja schon ewig her sein! „Da war ich noch lange nicht auf der Welt!“, denkst du vielleicht.

Aber wo warst du damals überhaupt, damals als deine Eltern noch klein waren? Gab es dich da noch gar nicht? Und warum bist du jetzt hier? Hier mit deinen Eltern! Wie ist das alles gekommen?

Ich kann dir nun erzählen, was ich darüber denke und fühle und weiß. Aber du musst selbst überlegen, was du dazu denkst. Du musst in dich hinein fühlen und schauen, ob du es auch so siehst wie ich. Vielleicht weißt du etwas, was ich noch gar nicht weiß, und vielleicht fühlst du etwas ganz anderes, Besonderes dabei. Das ist dann sehr wichtig! Sprich auch mit deinen Eltern darüber! Die haben auch ihre eigenen Gedanken und Gefühle bei diesen Fragen. Oder auch ihr eigenes Wissen! Vielleicht haben sie es noch nie jemandem gesagt und sind froh, wenn du sie danach fragst. Niemals musst du etwas glauben, weil ein anderer es dir sagt. Immer musst du erst versuchen, ob es zu dir passt, ob es einfach für dich stimmt.

Ich erzähle dir jetzt, was ich darüber erfahren habe.

Als Kind dachte ich einfach: „Ich komme von Gott!“ Und das glaube ich auch heute noch! Vielleicht denkst du auch so wie ich? Damals hatte ich so ein Gefühl, als sei zu Anfang etwas ganz Wichtiges mit mir geschehen. Ich konnte mir aber nicht richtig erklären, was es war.

Wenn ich heute manchmal an das Alter denke, in dem du jetzt bist, dann fühlt es sich so an, als wäre ich damals geschwebt, als hätten meine Füße den Boden gar nicht richtig berührt. Manchmal hatte ich einen Traum, der mir viel Angst machte. Ich hörte ein ruhiges, summendes Geräusch, das lauter und leiser wurde, und sah einen hellen Lichtfleck über mir. Mal war er stärker, mal war er schwächer. Ich hatte so ein Gefühl, als sollte ich von hier weggelockt werden. Vielleicht war mein Körper nicht stark genug, um mich hier auf der Erde richtig festzuhalten. Das hatte mir Angst gemacht. Ich wusste doch, dass ich jetzt hierher gehörte.

Heute verstehe ich das alles, was damals abgelaufen ist. Es war die sogenannte „schlechte Zeit“, in der es sehr wenig zu essen gab. Ich hatte oft Hunger. Mein Geistwesen, das meinen Körper aufbaute, hatte einfach nicht genug Material bekommen, um ihn richtig fest zu bauen. Im Krieg gab es auch so viel Angst, dass sich mein Geistwesen noch gar nicht richtig fest in diesem Körper verankert hatte. Dadurch kam dieses Gefühl von Schweben oder vielleicht Weggehenwollen. Aber auch das Gefühl: „Ich komme von Gott!“ Ich hatte die Erinnerung noch.

Vielleicht denkst du: „Was redet sie so viel von sich. Bei mir fühlt sich das alles ganz anders an. Und trotzdem weiß ich, dass ich von Gott komme!“

Gott ist wie ein großes Meer aus Licht und Liebe. In ihm sind wir alle drin. Das ist es, wenn ihr im Religionsunterricht hört: „Wir sind in Gottes Hand!“ Aber keiner kann Gott beschreiben, weil er immer anders und größer ist, als wir Menschen uns das vorstellen können. Auch ein Erwachsener kann dir nicht erklären, wie Gott ist. Er ist aber doch wie ein lieber Vater oder wie eine liebe Mutter. Gott ist aber auch wie eine riesige Quelle, aus der das Leben wie Wasser hervorsprudelt: alle Sterne, die Sonne, der Mond, unsere liebe Erde, auf der wir wohnen. Die Pflanzen, die Bäume mit ihren Früchten und die Blumen. Die Tiere, auch dein Meerschweinchen oder dein lieber Hundefreund. Und alle Menschen auf der Erde und auch du. Es ist ein schöner Gedanke, dass wir alle göttliche Funken sind, von Gott ausgesendet und immer mit ihm verbunden.

Zuerst bist du ein Teil von Gott, fast noch gar nicht von ihm getrennt. Vielleicht würdest du sagen: „Das ist meine Seele!“ Deine Seele entwickelte sich und wurde immer mehr zu *deiner* Seele. Deine Seele ist ja ganz anders als die von deinen Eltern, Geschwistern und Freunden. Deswegen ist auch dein Körper so wie niemand auf der Welt: Nur du bist du.

Was du aber wissen musst, ist, dass dein göttlicher Funke, dein göttlicher Kern immer in deiner Seele leuchtet. (Manche Menschen sprechen auch vom „Höheren Selbst“.) Deine Seele mit dem göttlichen Funken (oder dem Höheren Selbst) wohnte zuerst in deinem „Geistwesen“, so sagt man heute meistens. Damals, als du noch nicht auf dieser Erde sichtbar warst, als du noch in der geistigen Welt lebtest! Dir ist das Wort „Geistwesen“ vielleicht eben schon aufgefallen, als ich von mir erzählte.

Dein göttlicher Funke ist immer dabei. Wenn du ganz still bist, kannst du das sogar selbst in dir entdecken. Vielleicht wenn du an jemanden denkst, den du ganz doll lieb hast. Oder wenn du dich über etwas ganz stark freust. Vielleicht spürst du diesen göttlichen Funken auch manchmal, wenn du nur ruhig dasitzt und dein Häschen oder deine Katze streichelst. Doch manchmal fühlst du ihn auch, wenn du traurig bist: Du bist verzweifelt. Du weinst. Du kannst dich gar nicht beruhigen. Aber tief in dir ist etwas, das bleibt ruhig, das tröstet dich, das verbindet dich mit Gott. Es ist der göttliche Funke in dir.

Du verstehst jetzt schon, dass dein geistiges Wesen zuerst noch nicht auf dieser Erde war. Bevor du geboren wurdest, war dein Geistwesen in den himmlischen Gegenden, man kann auch sagen, in den unsichtbaren Welten. Es gibt nämlich sehr, sehr vieles, was wir meist nicht sehen.

Eines Tages fühlte dein Geistwesen, dass es gern einige Erfahrungen auf dieser Erde machen wollte. Vielleicht ist es schon hier gewesen, in einem früheren Leben, oder vielleicht auch schon viele, viele Male. Es entstand eine Sehnsucht in deinem Geistwesen, mit anderen Geschwistern hier auf diesem Planeten Erfahrungen zu machen. Mit anderen Menschen, aber auch mit Steinen und Erde, mit dem Meer und den Flüssen, mit Bergen und Tälern, Wiesen, Wäldern, Kräutern, Blumen und Bäumen. Auch mit Wind und Sturm und Feuer. Du wolltest auch Erfahrungen machen mit Tieren, vielleicht mit Schnecken und Käfern, Vögeln und Mäusen. Vielleicht wolltest du auch ein liebes Tierchen im Arm halten und streicheln. Denk mal an deine Tiere. Ja, auch an deine Kuscheltiere, die hast du ja auch lieb.

Denk nur an alle, die du lieb hast! An deine Eltern und Großeltern, deine Freunde und Geschwister! Dann ahnst du auch, warum du hier bist. Dann verstehst du, warum dein Geistwesen sich entschlossen hat, einen Körper anzunehmen.

Du brauchst ja diesen Körper, um deine Mama in den Arm zu nehmen und um von Papa einen Kuss zu bekommen. Du brauchst deinen Körper, um euer Baby zu tragen und ihm den herunter geworfenen Schnuller wiederzugeben. Aber auch um dich mit deinem Bruder richtig doll zu zanken, und auch, um dich nachher wieder mit ihm zu vertragen.

Du brauchst deine Füße, um damit Fußball zu spielen oder zu tanzen. Nein, das habe ich falsch gesagt. Du brauchst natürlich deinen ganzen Körper dazu.

Alina spielt mit ihrem Bruder Fußball. Nicki ist froh, dass er jetzt gute Diktate schreibt. Und die Mädchen haben jetzt fast alle ein Einrad und üben damit auf der Straße. Nils sehnt sich danach, endlich einen richtigen Trecker zu fahren, den ganz großen, und die Rüben selber mit dem Roder zu roden. Laura, die im ersten Schuljahr nicht gesprochen hat, ist plötzlich ganz mutig geworden, meldet sich im Unterricht und weiß auf einmal die klügsten Dinge zu sagen. Und Alex muss sich nicht mehr so vordrängeln wie früher, oder er merkt es gleich.

Edona geht wieder zurück in ihre Heimat im Kossovo. Vor einem Jahr hat sie noch geweint, als ihre Freundinnen ihr das gewünscht haben. Und jetzt hat sie an sich selbst erfahren, dass sich ihre Angst vor diesem fremden Heimatland in Vorfreude verwandeln kann. Ein bisschen Angst ist immer noch dabei, aber jetzt spürt sie schon mehr Freude als Ängstlichkeit. Es ist so schön zu erleben, dass den Klassenkameraden der Abschied auch schwer fällt. Es ist wunderbar zu sehen, dass Laureen ein bisschen weinen muss und dass die ganze Klasse sich eine so schöne Abschiedsstunde überlegt hat, sogar mit einem Ständchen, das Henning, Franziska, Helena, Nicki und Julian ganz allein eingeübt haben, mit Flöten und sogar mit Klavier und Geige. Und Laureen nimmt alles für Edona auf Cassette auf. Ja, alle diese Erfahrungen wollte das Geistwesen von Edona machen. Und deswegen ist sie hier.

Denk einmal darüber nach, welche Erfahrungen du machst. Besonders die Erfahrungen sind wichtig, die du so richtig tief in dir drin spürst. Es können auch unangenehme Erlebnisse sein, auch ganz traurige oder schreckliche. Alle diese Erfahrungen wolltest du machen und an ihnen lernen, vielleicht auch einfach dabei sein.

Eine Sehnsucht nach Erlebnissen, Liebe und Lernen hat dich hierher gebracht, auf diese Erde, zu deinen Eltern, in diesen Körper und gerade jetzt zu dieser Zeit an diesen Ort. Magst du hier ein Bild malen, von deinem Haus, deinem Zimmer, deinem Garten oder deinem Lieblingsbaum? Was ist dir bei deinem Ort wichtig?

Zuerst hat sich deine Seele umgeschaut und gesucht, zu wem sie gut passt. Ein Engel hat ihr dabei geholfen. Mit diesem geistigen Helfer hat deine Seele auch besprochen, was du am liebsten in deinem kommenden Leben lernen möchtest. Manche Erlebnisse habt ihr vielleicht fest eingeplant. Wenn du willst, kannst du schon mal in dem Brief über Engel blättern. Da habe ich ein ausgedachtes Gespräch mit deinem Schutzengel aufgeschrieben.

Dann hast du vielleicht eine Seele gefunden, die gerne deine Schwester oder dein Bruder sein wollte, vielleicht auch mehrere. Und auf einmal wusstest du schon, wer deine Mutter und dein Vater sein sollten. Vielleicht hattest du dich schon von ihnen verabschiedet, als ihre Seelen die geistige Welt verließen, um auf der Erde einen Körper anzunehmen. Nur nachts konnten sie dich noch manchmal treffen, wenn sich ihr Geistwesen von ihrem Körper lösen konnte.

Du merkst, dass ich hier ganz oft das Wort „vielleicht" benutze. Das mache ich mit Absicht. Hier wissen wir nichts ganz genau. Du musst auch nicht alles einfach glauben. Lass es dir durch den Kopf gehen, was ich hier erzähle, und denk dir selber etwas dazu. Es ist nur eine Anregung für dich. Es sind meine Gedanken und Vorstellungen. Ich habe zwar viel darüber gelesen und auch einiges erlebt. Aber du willst ja zu deinen eigenen Vorstellungen kommen!

Zuerst waren deine Eltern Kinder, sie hatten sich in diesem Leben noch gar nicht getroffen. Aber du hast schon darauf gewartet, dass sie sich endlich begegnen und sich ineinander verlieben.

Laura hat erzählt, dass sich ihre Eltern schon in der Grundschulzeit ineinander verliebt haben. Dann musste Lauras Seele aber noch lange warten, bis die beiden alt genug zum Heiraten waren und um Kinder zu bekommen. Aber dann hat sie sich ganz schnell angemeldet.

Frag deine Eltern, wie sie sich kennengelernt haben. Sicher erzählen sie dir gern davon. Die Kinder in meiner Klasse haben mit ihren Eltern im 2. Schuljahr ein Interview gemacht. Und alle Eltern haben gern ihre Fragen beantwortet. Vielleicht haben dir deine Eltern ja auch schon alles erzählt. Man kann es aber immer wieder hören, weil es einem so wichtig ist.

Die Eltern mancher Kinder haben sich wieder getrennt. Sie haben sich nicht so gut verstanden, dass sie immer weiter zusammen miteinander leben wollten. Für viele Kinder ist das ganz schlimm, weil sie an beiden Eltern hängen, und nun müssen sie bei einem von beiden leben und sehen den anderen nicht mehr so oft. Vielleicht ist es auch schwierig, mit einem neuen Partner der Eltern auszukommen. Für andere Kinder ist es eine große Erleichterung, wenn die Eltern sich trennen, weil dann der Streit und der Stress nachlässt. Trotzdem hängt man immer an beiden Eltern, sogar dann, wenn man ganz schrecklich enttäuscht wurde. Manche Eltern waren nur ganz kurz zusammen. Gerade da bist du entstanden, ich meine deine irdische Person, die Seele war ja schon da. Vielleicht mussten sie sich einfach treffen, damit du die richtigen Eltern hattest.

Das Komische ist ja, dass wir das alles nicht wissen, obwohl unser Geistwesen es beobachtet hat, während es darauf wartete, dass alles für sein Leben auf der Erde richtig vorbereitet war. Aber unser Gehirn, in dem wir all unser Wissen speichern, war ja noch gar nicht da. Der liebe Gott will wohl, dass wir unsere Erfahrungen ganz frisch machen, ganz neu. Ich glaube, so lernen wir am meisten. Wenn wir uns noch erinnern würden, warum wir hier sind und was wir hier wollen, dann wäre ja auch nicht alles so spannend und so interessant.

Genauso wie Papa euch vielleicht nicht verrät, dass ihr am Sonntag in den Zoo fahren wollt. Es soll eine Überraschung sein. Dann ist es noch viel schöner.

Manchmal ist es aber auch anders, dann wisst ihr schon, wo es hingeht, dann ist die Freude besonders groß. So wie Alina und ihr Bruder Felix sich schon die ganze letzte Zeit vor den Sommerferien auf Fehmarn freuen. Da fahren sie immer hin, und da kann man so schöne Sachen machen.

Vielleicht gibt es so eine Vorfreude auch, bevor wir wieder auf diese Erde kommen. Darüber erzähle ich dir später noch etwas. Ganz viele Menschen auf dieser Erde glauben nämlich, dass ihr Geistwesen viele Male auf dieser Erde geboren wird. Das glaube ich auch.

Wenn du noch ein ganz kleines Baby bist, dann weißt du vielleicht noch, dass du dir deine Eltern selbst ausgesucht hast. Dann weißt du vielleicht noch, dass du darauf gewartet hast, dass endlich das Ei mit den richtigen Genen in den Eierstöcken deiner Mama ausgereift war und auch das richtige Sämchen in den Hoden deines Papas.

Die Gene sind ganz winzig und sind in jeder Zelle. Sie legen fest, welche Eigenschaften du hast, welche Augenfarbe, welche Größe, ob du musikalisch bist oder eher sportlich oder beides. Du selbst musst noch viel daran arbeiten, damit sich alles gut entwickelt. Deine Eltern und Lehrer bemühen sich auch darum, indem sie dich erziehen und dir etwas beibringen. Die eine Hälfte der Gene hast du von deiner Mutter, die andere von deinem Vater.

Als ganz kleines Kind wusstest du vielleicht noch, dass du dabeigewesen bist, als deine Eltern dann miteinander geschmust haben, wie sie sich geliebt haben und wie sie miteinander Sex hatten.

Und endlich, endlich kam es zur Befruchtung. Genau die richtigen Gene für dich kamen zusammen. Man sagt auch: „Erbzusammensetzung“. Für deine Person kam genau die richtige Erbzusammensetzung zustande. Dein Körper konnte in Mamas Gebärmutter heranwachsen. Du warst die ganze Zeit dabei und hast aufgepasst. Du warst glücklich, als deine Mutter merkte, dass sie schwanger war. Es war wichtig für dich zu fühlen, ob sie sich freute. Und wie fühlte dein Papa, als Mama ihm von dir erzählt hat? All das ist sehr wichtig für dich. Du sahst und hörtest alles. Es wurde sogar in deinem Körper gespeichert, dieses Wissen.

Wenn du geboren wirst, ahnst du dieses Wissen vielleicht noch, aber dann wird es meist erst einmal vergessen. So wie deine Eltern vergessen haben, dass sie als Geistwesen schon wussten, dass du ihr Kind sein würdest. Tief in ihnen versteckt ist das Wissen noch da, genauso wie in dir. Aber du sollst ja ganz neue Erfahrungen machen und deine Eltern auch. Deswegen ist das Wissen nicht einfach so da.

Dir ist bestimmt schon mal etwas im Computer verschwunden. Du findest es nicht mehr und doch ist es gespeichert und wieder abrufbar. Wenn du nur wüsstest, wie du es wieder holen könntest. Vielleicht kann Papa dir helfen.

So ähnlich kannst du es dir vorstellen, dass du dich an diese Zeit vor deiner Geburt nicht mehr erinnern kannst. Manchmal kommt dieses alte Wissen allerdings ganz plötzlich in dir zum Vorschein. Oft nur für einen Augenblick! Und dann ist es wieder zugedeckt. Aber manchmal bleibt es für länger. Dann hast du so ein komisches Gefühl, als wenn du deine Eltern schon seit Ewigkeiten kennst und alles weißt.

Deine Seele baut deinen Körper auf, genau den, der zu ihr gehört, genau passend. Deine Eltern hatten die passenden Gene, in denen der Aufbau deines Körpers festgelegt ist. Die Gene sind auf den Chromosomen. Die Chromosomen sind im Zellkern. Der Zellkern ist in der Zelle. Und aus diesen Zellen ist dein ganzer Körper aufgebaut.

Du musst dir ein Bilderbuch über den menschlichen Körper anschauen. Da kannst du es ganz genau sehen. Es gibt verschiedene Zellen mit verschiedenen Aufgaben. Aus ihnen sind deine Knochen aufgebaut, deine Muskeln, dein Blut, deine Organe, dein Gehirn. Schau nur einmal in einem Buch nach! Vielleicht hast du auch ein Kinderlexikon. Dann schau unter „Zelle“ nach!

Es ist sicher nicht ganz einfach zu verstehen. Ich erkläre es dir noch einmal: In jeder Zelle ist so ein Zellkern mit den Genen. Die Hälfte der Gene hast du von deiner Mutter geerbt. Sie waren in der Eizelle. Die andere Hälfte deiner Gene hast du von deinem Vater geerbt. Sie waren in der Samenzelle, die die Eizelle befruchtet hat. Man sagt auch Spermium. Durch die Gene ist der ganze Bauplan für deinen Körper festgelegt, dein Aussehen, deine Gesundheit, vieles von deinem Verhalten, zum Beispiel, was du gerne magst. So haben dir deine Eltern alles vererbt, was dein Geistwesen braucht, um deinen Körper aufzubauen. Man nennt das auch Erbinformation. Dein Leben lang wirken die Gene in deinem Körper.

Aber deine Eltern haben dir ja noch viel mehr mitgegeben. Sie haben dich als Baby umsorgt und vor allem lieb gehabt, und sie haben dich immer lieb. Und das braucht man ganz dringend, wenn man sich als Geistwesen einen Körper auf dieser Erde aufbaut. Man muss ja alles erst lernen, um hier klarzukommen, wo alles fest ist und sich nicht von allein bewegt, wo man für alles arbeiten muss, sich anstrengen muss.

Denk mal, dein Geistwesen konnte von hier nach da gelangen, in einem Husch, wenn es das nur wollte! Und nun hier auf der Erde, mit dem neuen Körper musste es erst einmal lernen, die Füßchen und die Beinchen zu bewegen, sich aufzurichten, zu krabbeln, zu stehen und endlich zu laufen.

Aber nun hast du schon die zweite Urkunde bei den Bundesjugendspielen. Oder du bist schon bei einer Ballettaufführung auf der Bühne gewesen. Oder was immer du machst! Vielleicht bist du Torwart in der E-Jugend, oder du spielst Flöte oder Klavier, kannst gut Rad fahren oder schwimmen. Oder du malst gern oder konntest als erste im Kindergarten die Schleife binden wie meine Tochter Anna. Was hast du schon für einen geschickten Körper bekommen! Das Geistwesen in dir freut sich über jeden Fortschritt. Es war ja in der anderen Welt kein Kind! Und nun kann es schon so viel! All die Dinge, die es in diesem Körper tun wollte, kann es jetzt mehr und mehr unternehmen.

Als mein Sohn Georg klein war, hatte ich manchmal das Empfinden, dass er gar keine Lust hatte, das alles zu lernen. Er wollte eigentlich alles gleich können. Habt ihr auch schon einmal so ein Gefühl gehabt?

Ich dachte mir damals: „Vielleicht ist es noch gar nicht so lange her, dass er es schon einmal alles lernen musste. Vielleicht war er noch vor kurzem auf dieser Erde und konnte alles schon." Wir wissen ja nicht, wie lange Zeit wir zwischen den verschiedenen Leben auf dieser Erde in der geistigen Welt verbringen, wo wir ja nicht alles mit einem so schweren Körper erschaffen müssen. Aber gerade das haben wir gewollt. Deswegen sind wir hier. Das habe ich dann auch über Georg gedacht: „Er hat sich doch entschieden, hier zu sein, sonst wäre er nicht hier!"

Heute denke ich, ich hätte ihm das sagen sollen. Das wäre besser für ihn gewesen. Stattdessen bin ich in Panik geraten, besonders weil er sich mit der Rechtschreibung so angestellt hat. Ich glaube, einige von euch kennen das auch, dass die Eltern in Panik geraten, wenn ihr irgendetwas nicht so gut könnt wie die anderen. Eure Eltern fühlen sich für euch verantwortlich. Sie wollen euch helfen, damit euer Leben so gut wie möglich verläuft. Meistens passiert die ganze Panik, weil sie euch so lieb haben, dass sie ihre eigenen Ängste auf euch übertragen. Dabei denken sie gar nicht daran, dass ihr gerade diese Erfahrung braucht. Ihr habt sie euch ja gerade ausgesucht.

Das hätte ich mir bei Georg auch sagen können. Eigentlich wusste ich das ja schon. Aber ich hatte selbst als Kind große Probleme mit der Rechtschreibung und hatte sie besiegt, indem ich unheimlich fleißig war. Sicher war es gerade diese Erfahrung, die ich brauchte: „Ich kann durch Fleiß Schwierigkeiten überwinden!"

Nun hatte Georg mit den Genen von mir die schlechte Rechtschreibung geerbt. Dieses Problem hatten nämlich tatsächlich mehrere Menschen in unserer Familie. Sie konnten sich einfach nicht so gut merken, wie die Wörter geschrieben werden. Ich dachte: „Ist ja nicht so schlimm! Wenn er fleißig ist, geht es vorbei!" Aber er war nicht fleißig. Und das brachte mich in Panik. Ich dachte nicht mehr darüber nach und fühlte mich nur schlecht, weil er es nicht so machte, wie ich es gemacht hatte. Dabei brauchte er eine ganz andere Erfahrung als ich. Aber ich brauchte die Erfahrung mit ihm. Nachher war das Problem erledigt, genau wie bei mir, nur auf eine andere Art. Wahrscheinlich bin ich ja auch deswegen Georgs Mutter, weil er an meiner Panik etwas lernen wollte, und ich an der Sturheit, mit der er auf meine Panik reagierte. Aber natürlich gibt es noch viel mehr Gründe dafür, dass Georg mein Sohn ist.

Bestimmt kennt ihr ähnliche Sachen mit euren Eltern. Ihr könnt ihnen dieses Stück im Buch mal zu lesen geben oder vorlesen. Vielleicht lachen sie und merken, wo sie mit euch solche Geschichten machen.

Manche Kinder haben auch ganz schwierige Erfahrungen. Die kleine Enkelin von meiner Schwester hat ihren Papa verloren, als sie noch kein Jahr alt war. Jetzt, mit zwei Jahren, fragt sie: „Warum hat mein Papa mich verlassen?" Auf eine solche Frage kann niemand eine Antwort wissen. Aber wir können sicher sein, dass wir auch solche schweren Erfahrungen machen wollten, um daran etwas zu lernen.

Es gibt auch Kinder, die von ihren Eltern früh weggegeben werden, so wie meine Tochter Anna, die wir in Mexiko adoptiert haben. Sie fragen sich: „Warum hat mich meine Mutter nicht lieb gehabt?", oder etwas Ähnliches. Diese Frage können wir nicht beantworten. Und es ist schwer, sie das ganze Leben lang mit sich herumzutragen. Das weiß ich von Anna. Aber wir können darauf vertrauen, dass wir unsere ganz großen Probleme schon kannten, als wir uns zu diesem Erdenleben entschlossen. So bin ich auch sicher, dass ich schon wusste, dass Anna meine Tochter werden würde, die extra aus Mexiko zu uns nach Deutschland kam, und dass Anna das vor ihrer Geburt auch wusste. Irgendwann konnten wir zum Glück darüber reden.

Wenn du Lust hast, kannst du in diesem Viereck malen, wie du als Geistwesen um deine Eltern herum schwebst. Oder wie du dich mit deinem Schutzengel absprichst. Oder wie du ganz normal jetzt mit deiner ganzen Familie spazieren gehst. Vielleicht ist auch für dich ein Bild richtig, das zeigt, was du gerade am liebsten machst oder was du mal werden möchtest. Dir fällt bestimmt etwas ein, was für dich an dieser Stelle wichtig ist.

Notizen:

Was geschieht beim Tod und danach?

Ein Schnurps grübelt

Also es war einmal eine Zeit,
da war ich noch gar nicht da. –
Da gab es schon Kinder, Häuser und Leut'
und auch Papa und Mama,
jeden für sich –
bloß ohne mich!

Ich kann mir's nicht denken. Das war gar nicht so.
Wo war ich denn, da es mich nicht gab?
Ich glaub', ich war einfach anderswo,
nur, dass ich's vergessen hab',
weil die Erinnerung daran verschwimmt –
Ja, so war's bestimmt!

Und einmal, das sagte Vater heut',
ist jeder Mensch nicht mehr hier.
Alles gibt's noch, Kinder, Häuser, Leut',
auch die Sachen von mir.
Das bleibt dann für sich –
bloß ohne mich.

Aber ist man dann weg? Ist man einfach fort?
Nein, man geht nur woanders hin.
Ich glaube, ich bin dann halt wieder dort,
wo ich vorher gewesen bin.
Das fällt mir dann bestimmt wieder ein.
Ja, so wird es sein!

Michael Ende

Liebe Eltern!

Lange habe ich überlegt, an welcher Stelle im Buch ich etwas über den Tod und das Sterben sagen soll. Zuerst dachte ich an das Ende des Buches. Aber dann fand ich zufällig das Gedicht von Michael Ende, das ich mehrmals im Unterricht behandelte und das uns Trost und Sicherheit spendete. Sofort war mir klar, dass das Kapitel über den Tod an diese Stelle gehört: Das Nachdenken über unseren Anfang und unser Ende auf dieser Erde ist eng miteinander verbunden.

Wenn wir uns in Bezug auf den Anfang unseres Weges sicher und beruhigt fühlen, dann können wir es uns auch zutrauen, über das Ende des Weges nachzudenken. Vielleicht ist überhaupt das das Wichtigste: Ein Gefühl dafür zu bekommen, dass das Leben auf dieser Erde ein Stück von einem viel längeren Weg ist, eine selbst gewählte Strecke auf einer langen Wanderung von weit her in eine entfernte Zukunft, einer Wanderung, die uns immer fähiger werden lässt, am Gesamtwerk der Schöpfung mitzuwirken!

Das hört sich vielleicht sehr großartig an. Für mich ist es so großartig. Der Gedanke, dass wir alle Söhne und Töchter Gottes sind, dass Jesus Christus und Gautama Buddha unsere Brüder sind, dass die Möglichkeit besteht, dass ich – kleine Schwester – auch einmal in der Lage sein werde, den Menschen und allen Wesen reine, unendliche Liebe entgegenzubringen, das ist für mich der wichtigste religiöse Grundgedanke.

Im Buddhismus wird dies in der Idee des Boddhisattwa deutlich. Boddhisattwa bedeutet, dass jedes menschliche Wesen die Buddhaschaft erreichen kann, ja sich ihrer vielleicht nur bewusst werden muss, und sich dann zu seinen Geschwistern zurückwenden und sie mit seiner Liebe begleiten kann, bis auch sie den Weg zum Göttlichen gefunden haben. Diese Erklärung des Boddhisattwa ist sicher sehr westlich, vielleicht naiv. Doch so habe ich diese Idee verstanden, und sie hält für mich viel Trost und Freude bereit.

Das Christentum kennt dies naturgemäß nicht. Ich bin aber irgendwann auf den Gedanken gekommen, dass Jesus Christus selbst ein Boddhisattwa sein muss. Ich weiß nicht, ob einige von Ihnen diesen Gedanken mit mir teilen können. Im Christentum steht für mich das Gebot der Liebe an erster Stelle, und es richtet sich an alle Menschen. Hier sehe ich mich gesegnet und behütet zu Füßen des Meisters Jesu, der mich lehrt, dass man die Liebe durch Dienen gewinnen kann.

Über den Tod gibt die Kirche uns keine sehr konkreten Vorstellungen, besonders die evangelische Kirche nicht und besonders nicht in unserer heutigen Zeit. Ganz anders als einige andere Religionen bleibt für mich das Christentum hier verschwommen. Auf mittelalterlichen Bildern allerdings, z. B. im Campo Santo in Pisa, sieht man die Seelen beim Tod den Körper durch das Ohr verlassen. Es gibt auch riesige Bilder von Engeln und Teufeln, die die Seelen der Menschen einteilen und ihrem Erdenleben entsprechend behandeln. Die Vorstellung vom Fegefeuer, in dem die „sündigen" Seelen geläutert werden, bis sie ebenfalls in den „Himmel" kommen!

Im Religionsunterricht habe ich bemerkt, dass es einige Kinder gibt, die in solchen Vorstellungen denken. Wenn sie dies äußern, finden sich Kinder, die dem widersprechen. Sie können es mit der Liebe Gottes nicht vereinbaren.

Das Thema Hölle und Fegefeuer ist bei vielen Menschen sehr belastet durch Angst, die seit Generationen geschürt wurde. Ich trete mit Grundschulkindern hier nie in eine Diskussion ein. Wenn ein Kind sich dafür einsetzt, dass es eine Hölle gibt, sage ich etwas wie: „Du glaubst, dass du nichts Böses tun sollst und dass du dafür bestraft wirst, wenn du es doch tust!" Damit wird das Kind mit seinen Vorstellungen ohne Wertung angenommen. Meist wird es damit zufrieden sein. Kinder wissen, dass es das Böse gibt. Sie erfahren heute sehr viel davon in drastischen Bildern. Dem sollte man sein Kind allerdings nicht unnötig aussetzen. Es kann in hohem Maße verunsichernd und zerstörerisch wirken, wenn Kinder viele schreckliche Bilder in sich speichern, und das Speichern geschieht automatisch, auch wenn sie selbst nicht unmittelbar von diesem Bösen betroffen sind.

Wenn etwas Derartiges von ihrem Kind angesprochen wird, ist es wichtig, ihm zuzuhören, zu bestätigen, dass das schrecklich oder böse ist. Man kann dem Kind auch die Möglichkeit geben, zu malen oder zu zeichnen. Gleichzeitig ist es wichtig, ihm zu zeigen, dass es zurzeit dieses Problem nicht hat, dass es wichtig ist, sich gegenseitig zu helfen, dass es in Gottes Hand ist.

Anders ist es natürlich, wenn das Kind selbst von Gewalt und Bösem bedroht oder darin verwickelt ist oder war. Dann müssen sehr feinfühlige, persönliche Strategien gefunden werden. Das ist aber nicht Thema dieses Buches. Ich würde es auch nicht in einem Buch für Kinder behandeln wollen.

Die Frage, warum es das Böse gibt, ist eine sehr interessante philosophische oder religiöse Frage. Sie unter Erwachsenen zu diskutieren kann sehr spannend sein. Wenn ein Kind diese Frage stellt, würde ich antworten, dass Gott uns die Freiheit geben will, selbst zu entscheiden. Ich weiß nicht, ob das auch für Sie eine Möglichkeit ist. Auf alle Fälle würde ich das Böse nicht thematisieren, wenn ich mit einem Kind über den Tod spreche. Der Gedanke an den Tod ist in unserer Kultur so mit Angst besetzt, dass jeder von uns darauf achten muss, diese nicht bei einem anderen zu verstärken.

Tröstlich wirken dagegen die Berichte von Nahtoderfahrungen, die fast ausschließlich ein positives Todeserlebnis darstellen. Sie wirken bis in die Schulklassen hinein: Durch den medizinischen Fortschritt gelingt es inzwischen häufig, Menschen zu reanimieren. Einige dieser Menschen berichten, dass sie ihren Tod erlebt haben, und beschreiben ihre Erlebnisse. Es gibt einzelne Berichte in Zeitschriften, aber auch wissenschaftlich bearbeitete Zusammenfassungen dieser Erfahrungen. Sie haben sicher auch solche Berichte gelesen, liebe Eltern: Der Sterbende löst sich von seinem Körper. Mit einem wohligen, wenn nicht gar begeisterten Gefühl macht er sich auf den Weg auf ein Licht zu. Er muss dabei durch einen dunklen Tunnel, aber das Licht zeigt ihm deutlich den Weg. Es erscheinen Helfer auf der anderen Seite. Das können Engel, liebe Verstorbene oder Heilige sein.

Viele dieser wiederbelebten Menschen berichten, sie seien nicht gern ins irdische Leben zurückgekehrt. Sie hatten sich aufgehoben gefühlt in einem Strom von Liebe. Die Rückkehr in den Körper erschien ihnen als kühl, als anstrengend. Da waren natürlich auch wieder die Schmerzen, eben all die belastenden Umstände, die zu dem Todeserlebnis geführt hatten.

Doch es sind nicht wenige, die mit dem festen Vorsatz gesund geworden sind, in ihrem Leben etwas zu ändern, und die das auch in die Tat umgesetzt haben: Sie leben stärker in der Gegenwart. Materielle Werte und Macht werden unwichtiger. Auf natürliche Weise können sie plötzlich ihren Mitmenschen Liebe entgegenbringen. Als ganz wichtige Aufgabe empfinden es alle, den anderen Menschen mitzuteilen, dass der Tod nur ein Übergang ist und dass das Leben auf der anderen Seite weitergeht, auf eine viel wunderbarere Weise, als wir uns das vorstellen können.

Es gibt Spielfilme, die Bilder davon zeigen. Viele Kinder haben einen solchen Film gesehen. Auf diese einfache Art ändert sich die Vorstellungswelt der Menschheit.

Gegen Ende des 3. Schuljahres habe ich den Kindern meiner Religionsklassen angeboten, über den Tod zu sprechen. Immer wurde es von den Kindern begrüßt, dieses Thema zu behandeln. Oft suchten wir uns den Zeitpunkt gemeinsam aus. Manchmal war es besonders dringend, weil gerade ein Großvater oder eine Großmutter gestorben war. Manchmal mussten wir es auch hinausschieben, weil der Tod eines Elternteils noch zu nah war.

Immer stand die Trauer am Anfang. Viele Stunden lang hörten wir uns gegenseitig zu. Es ging dabei nicht um irgendwelche Vorstellungen, sondern einfach um das Trauern über einen Verlust.

Lange brauchten die Kinder, um über ihre gestorbenen Meerschweinchen, Vögelchen und Hamster zu klagen, über ihre überfahrene Katze oder über das langsame Sterben ihres alten Hundefreundes! Da hatte sich vieles aufgestaut, was man nun endlich erzählen konnte. Die Aufmerksamkeit der Schulfreunde und der Lehrerin war einfach gut. Ich war immer wieder erstaunt, wie viele Schulstunden dafür nötig waren, wenn ich meine vorbereiteten Stunden, die schon anderes vorsahen, wieder verschob.

Es hat mich auch immer wieder ganz tief berührt zu erfahren, wie stark die Kinder mit ihren kleinen Freunden verbunden sind. Wie wichtig ist es, ihnen eine Trauer zu ermöglichen! (Bitte nicht sofort das nächste Tier kaufen! Aber vielleicht in Aussicht stellen! Unsere Kinder dürfen von uns Erwachsenen hier keine Ersetzbarkeit vorgelebt bekommen!)

Ein Trost war es für die Kinder immer, wenn sie erzählen konnten, wie sie ihren kleinen Freund beigesetzt hatten. Es ist wichtig, dass dabei von den Kindern Zeremonien entwickelt werden. Uns mag es manchmal wie ein Spiel vorkommen. Und es ist auch ein Spiel, ein gutes, wichtiges Spiel! Das Kind befreit sich, wenn es noch einmal etwas ganz Liebes für sein totes Tier tut, wenn es ein Grab aushebt, einen Sarg bastelt, das Grab mit Blumen schmückt oder sogar ein Kreuz in die Erde steckt. Ganz wichtig ist, dass das Tier durch eine solche Zeremonie gewürdigt und geehrt wird. Eine liebevolle Dankbarkeit wird darin gelebt.

Auch gefundene tote Tiere werden oft so beerdigt. Das Erschrecken darüber, dass ein Wesen ohne Leben einfach so daliegt, wird durch die liebevolle Zeremonie gemildert.

Dieses Verhalten der Kinder sagt auch etwas zu der Frage, ob man Kinder zu der Beerdigung eines Verwandten mitnehmen sollte. Ich bin der Meinung, spätestens im Schulalter sollte die Entscheidung beim Kind selbst liegen.

Ebenso wie uns Erwachsenen hilft auch den Kindern das Erlebnis der Beerdigung oder Trauerfeier beim Abschied von dem Toten, aber auch bei der Bearbeitung der eigenen Todesangst.

Alles, was dort geschieht, hat eine große Würde, und damit wird der Tote geehrt. Die Kinder empfinden das ganz stark. Ich konnte es im Klassenkreis aus Berichten über Beerdigungen von Großeltern bemerken. Die Würdigung eines Menschenlebens zu erfahren ist für die Entwicklung der Kinder sehr wichtig. Immer strahlte bei einem solchen Bericht diese Würde in die Klassengemeinschaft hinein. Solche Erfahrungen werden, auch wenn sie nicht selbst unmittelbar erlebt wurden, auf die kindlichen Tierbeerdigungen übertragen, womit das Kind die Wertschätzung dem Tier gegenüber manifestiert.

Häufig ist die Beerdigung auch eine Gelegenheit, Trauer endlich zuzulassen. Durch die Zeremonie und die Ansprache lockert sich die Verkrampfung, die oft durch unsere Ungeübtheit im Umgang mit dem Sterben entsteht. Es schadet den Kindern nicht, die Trauer der Erwachsenen zu sehen und in sie mit hineingenommen zu werden. Natürlich sind klärende und auffangende Gespräche vorher und hinterher wichtig. Das Kind darf sich an einem Grab nicht allein gelassen fühlen. Die schützende, begleitende Hand eines lieben Erwachsenen ist unbedingt nötig.

Im Unterricht kommen die Aussagen über verstorbene liebe Menschen meist erst, wenn wir schon eine Weile über Tiere gesprochen haben. Auf diese Art tasten sich die Kinder an das emotional Schwierigere heran. Die zuhörenden Kinder sind immer sehr behutsam und bei Nachfragen sehr vorsichtig. Ganz wichtig ist, dass ich dem erzählenden Kind bestätige, dass ich verstehe, wie lieb es diesen Menschen gehabt hat und dass es ihn jetzt vermisst.

Ich versuche dann, dem Kind das Gefühl zu geben, dass diese Liebe nicht aufhören muss, dass es sie weiter spüren kann, seine eigene und die vom Opa oder von der Oma. Die Kinder bringen sehr viele Erfahrungen. Sie sagen Sätze wie: „Ich habe aber gespürt, dass er ganz nah bei mir war!" Oder: „Ich habe ihn in meinem Herzen gespürt!" Oder auch: „Ich bin traurig über den Tod meines Opas. Ich habe ihn gar nicht mehr kennen gelernt!" Besonders Aussagen der letzten Art haben mich immer sehr berührt. Sie sind gar nicht selten.

Manchmal müssen wir auch den Tod eines Schulkameraden oder Klassenkameraden erleben. Vor langer Zeit war in meinem 3. Schuljahr ein kleines Mädchen an Krebs gestorben. Es erschien uns im Nachhinein wie ein Engel. Es kam uns so vor, als sei es schon immer besonders sanft und lieb gewesen. Nach seinem Tod brachte uns seine Mutter Lesezeichen, die es im Krankenhaus für jedes Kind der Klasse gebastelt hatte.

Als ich von der Schwere seiner Krankheit erfahren hatte und das Kind im Krankenhaus besuchte, zeigte es mir den Anfang dieser Bastelarbeit. Das tapfere Kind war schon sehr schwach, aber es bastelte immer, wenn es möglich war. Es starb, als es das letzte Lesezeichen fertiggestellt hatte. Ich werde dieses zarte, kleine Mädchen niemals vergessen. Vielleicht geht das seinen Klassenkameraden auch so. Sie sind jetzt schon lange erwachsen.

Natürlich wollten alle zur Beerdigung. Wir verabredeten, dass das nur in Begleitung der Eltern ging. Alle waren dann mit Mama oder Papa bei der Trauerfeier. Die Trauer der Eltern unserer Freundin, besonders der Mutter, mitzuerleben war wichtig, um das Ganze richtig einordnen zu können und auch, um die Wucht und die Tragweite eines solchen Schicksals zu erfahren. (Wir dürfen unsere Kinder solche Erschütterungen nicht nur in Filmen erleben lassen!) Und dann war es wichtig, dass wirklich jedes Kind seine Blume in das Grab werfen konnte. Viele Wochen und Monate danach waren wir noch im Gespräch über das Erlebte.

Beim Tod einer anderen Klassenkameradin erfuhr ich, wie wichtig es ist, gemeinsam zu beten. Ich betete mit den Kindern in der Klasse, in der Schulgemeinschaft und im Gedenkgottesdienst. Dass wir unsere Trauer und unser Erschrecken vor Gott bringen konnten, dass wir unsere Angst eingestehen konnten, vor solchen Schicksalsschlägen, dass wir Gott bitten konnten, die Tote und ihre Familie zu behüten, aber auch uns, in unserer Angst und Sorge, das war eine wichtige religiöse Erfahrung für uns alle.

Seien Sie sicher, dass es richtig ist, mit Kindern in einer solchen Situation zu beten, egal wie gut Sie das hinkriegen, alles anzusprechen, was nötig, was notwendig ist, weil es die Not wendet! Es entsteht dabei ein Vertrauen darauf, dass auch eine sehr schwere Erfahrung einen Sinn hat. Auch für die schweren Erfahrungen sind wir hier auf diese Erde gekommen. Auch und gerade diese schweren Erfahrungen müssen uns reifen lassen und wandeln.

Noch einmal zum Thema Tod im Unterricht: Erst wenn wir lange unsere Trauer bearbeitet haben, beginnt die Phase, in der es um Vorstellungen über ein Leben nach dem Tod geht. Manchmal habe ich damit angefangen, die Kinder ein Bild malen zu lassen. Manchmal ergab sich auch ein Gespräch im Klassenkreis. Oder wir gingen von einem Bild in einem Religionsbuch aus. Es war auch hilfreich, die Vorstellungen von Kindern einer anderen Klasse vorzulesen und zu diskutieren.

Es gibt Schwierigkeiten, über das Thema Tod zu sprechen. Selbst die Kinder haben zunächst Probleme, ihre Gedanken zu formulieren. Wir sind es einfach nicht gewöhnt, darüber zu reden. Es ist fast ein Tabuthema, und jeder quält sich allein damit ab. Gespräche über Trauer oder Trauerarbeit gehören noch in den Bereich des Annehmbaren. Man kann sich gegenseitig sagen, dass einem ein Verlust weh tut, dass man traurig ist. Doch sogar das umschreibt man oft, indem man sagt, es gehe einem schlecht.

Aber stellen Sie sich einmal vor, bei einem Kaffeeklatsch oder bei einer ganz normalen kleinen Einladung unter Freunden würde jemand fragen: „Was glaubt ihr eigentlich, was beim Tod oder nach dem Tod mit uns geschieht?“ Ich habe so etwas schon gemacht und hatte sofort das Gefühl, die anderen in eine unmögliche Lage gebracht und mich dabei noch besonders aufgespielt zu haben. Gut, die Kinder erwarten von mir jede noch so unmögliche Frage. Aber trotzdem sind sie zunächst verunsichert.

Viele Menschen haben gelernt, dass es eine geistige Welt nicht gibt, dass sich alles durch die Materie erklären lässt. In der DDR war das sogar politische Grundlage des Staates. Die Naturwissenschaft hat dafür gesorgt, dass andere Erklärungen und Vorstellungen diffamiert wurden. So ist vielen Menschen die Sicherheit, die früher in Bezug auf geistige Gegebenheiten vorhanden war, seit der Aufklärung mehr und mehr verloren gegangen. Vielleicht war diese Phase wichtig für die Entwicklung der Menschheit, um ein stärkeres Gewicht auf den Intellekt zu legen. Aber jetzt melden sich bei den Menschen wieder die Sehnsüchte nach einem Eingebundensein in einen geistigen Zusammenhang.

Als junge Lehrerin fuhr ich mit unserem Gemeindepastor über die Dörfer zu einer Beerdigung. Ich hatte am Grab im Chor mitzusingen. Er sagte in seiner Predigt etwas Tröstliches über ein Leben nach dem Tod. Als ich ihn auf der Rückfahrt darauf ansprach, bekannte er recht freimütig, dass er selbst davon nichts glaubte. Er müsste es den Leuten zum Trost sagen. Er glaubte, dass das Leben eines Menschen mit dem Tod absolut endete. Ich war schockiert, am meisten über seine Lüge. Er schien sich dabei aber gar nicht unwohl zu fühlen.

Vielleicht war das ein Extremfall, und es ist schon sehr lange her. Heute beobachte ich, dass Pastoren und Pastorinnen sich sehr vorsichtig und tröstlich am Grab ausdrücken. Sie sprechen von der Hoffnung darauf, dass Gott es für uns richtig machen wird, und von der Liebe Gottes und Christus, auf die wir vertrauen können, und sie sprechen so, dass ich ihnen das Gesagte als ihren Glauben abnehmen kann. Vor kurzem habe ich sogar gehört, wie ein evangelischer Pastor von einem Leben in der anderen Welt sprach. Das hat mich erstaunt. Vielleicht ist auch hier etwas in Bewegung geraten.

Trotzdem beginnen viele Menschen, die ihre Glaubensfragen konkreter beantwortet haben möchten, sich mit dem Hinduismus und dem Buddhismus zu beschäftigen. Eine zunehmende Welle von Literatur stellt uns Bearbeitungen religiöser Anfragen und die entsprechenden Antworten, in unsere Sprache transponiert, zur Verfügung.

Dies sollte eine Hinführung zu meiner Frage an Sie sein: Was glauben Sie über ein Leben nach dem Tod? Auch Ihr Kind wird Sie danach fragen, selbst wenn es diese Frage nicht ausspricht.

Aber ich habe wohl zuerst diese Frage in Bezug auf mich zu beantworten:

Im Tod legen wir unseren irdischen Körper ab. Es kann meist kein einfaches Verlassen sein. Wir haben lange in ihm gewohnt. Er war die Möglichkeit, in dieser Welt zu leben. Wir haben sehr viel Gutes durch unseren Körper erlebt und erfahren. Für mich sollte es ein Abschied sein! Schön wäre es, wenn ich die Möglichkeit hätte, dabei innerlich zu danken und in dieser Dankbarkeit meinen Körper auch an die Erde und ihre Elemente zurückzugeben. Ich weiß, dass mich Schmerzen daran hindern könnten. Was geschieht meinem Geistwesen dann? Vielleicht ein Fallen oder Schweben? Ich glaube, ich werde dieses Licht sehen. Ich weiß, dass es mir den Weg anzeigt. Vielleicht werde ich Hilfe nötig haben, um mich von dieser Materie zu lösen. Dann werde ich sie auch bekommen, von meinem Schutzengel, von lieben Verstorbenen oder … Ich muss das nicht genauer wissen. Hier habe ich viel Vertrauen.

Es wird gesagt, man würde noch einmal das ganze Leben wie einen Film vor sich abrollen sehen, man würde erkennen, was man richtig gemacht und wo es Fehler gegeben hat. Ich stelle mir das sehr persönlich vor: Ich fühle Bedauern in Bezug auf Handlungen, die für mich und andere besser hätten laufen können, wo ich Chancen gehabt hätte für mich und andere, etwas wirklich Gutes zu tun. Ich glaube, dass ich in diesem Moment auch das Gefühl haben werde, dass ich das wieder gutmachen und sehr gerne lernen möchte, dafür die Zusammenhänge besser zu verstehen. In dieser Situation werde ich auch wissen, dass ich die Konsequenzen dieses Handelns tragen werde. Und das wird nichts mit einem Zwang zu tun haben, sondern ich werde tiefe Freude darüber empfinden, dass ich die Gelegenheit haben werde, dieses Ungleichgewicht, das ich da durch mein Handeln geschaffen habe, wieder in Harmonie zu verwandeln. Und ich weiß mich dabei von der göttlichen Gnade begleitet. Sicher ist dann auch mein Schutzengel wieder bei mir.

Wer sich schon damit beschäftigt hat, wird hier bemerken, dass ich an die ausgleichende Gerechtigkeit des Karmagesetzes glaube. Die Vorstellung eines Gesetzes von Ursache und Wirkung, das absolut und ewig wirkt, kommt unter anderem aus dem Hinduismus. Es wurde mir schon in der Kinderzeit vertraut.

Ich glaube, dass es nach dem Tod Zeiten in himmlischen Bereichen gibt, in denen ich mein vergangenes Leben noch weiter aufarbeiten kann, in denen ich als Geistwesen weiter lernen kann und in denen ich möglicherweise auch Aufgaben übernehme. Ich möchte mir darüber aber keine konkreteren Vorstellungen aneignen.

Dies alles hat jetzt den Anschein eines zeitlichen Ablaufs. Ich weiß aber, dass Zeit ein Teil der materiellen Dimension ist, und verstehe, dass alles ganz anders ablaufen kann, als es mir jetzt, solange ich im Körper bin, vorstellbar ist.

Ich halte es für möglich, dass auch weitere Seelenanteile sterben. In esoterischen Kreisen und in östlichen Religionen spricht man von verschiedenen Körpern. (Der Ätherkörper, der sehr stark mit dem physischen Körper verbunden ist, wird schon bald nicht mehr nötig sein. Und auch der Astralkörper wird seine Lebensphase beenden.) Wer mag , kann sich mit den verschiedenen Körpern des Menschen beschäftigen. Unterschiedliche esoterische Richtungen haben verschiedene Einteilungen und Namen. So wird auch von Schleiern gesprochen, die den göttlichen Funken verhüllen oder umhüllen. Ich komme im Kapitel über die feinstofflichen Körper darauf zurück. Für mich ist hier einfach wichtig, dass mein Wesen sich immer weiter durchgeistigen wird, bis es vielleicht, so hoffe ich, eine Phase erlebt, in der es sich als Teil Gottes erkennt und für eine Weile in das Göttliche zurückkehren darf.

Viel später wird dann sicher ein neues Leben auf dieser Erde auf mich zukommen, denn ich habe noch lange nicht alles gelernt und erfahren, was ich hier lernen und erfahren könnte.

So konkret habe ich meinen Glauben den Kindern in der Schule nie dargestellt. Wie ich schon sagte, bin ich bemüht, den Rahmen zu wahren, den der Religionsunterricht steckt. Auf einzelne Fragen habe ich aber immer ehrlich geantwortet. So konnten Kinder, denen das wichtig war, doch erfahren, welcher Glaube ihrer Lehrerin Sicherheit gibt. Ich bin dabei vorsichtig, mich nicht zu schnell einzubringen, weil es nicht wünschenswert ist, mit den Glaubensvorstellungen der Kinder und der Familien in Konflikt zu geraten. Die Kinder erzählen aber selbst von ähnlichen Vorstellungen. Das deutete ich ja schon an. Wichtig ist mir, sie erkennen zu lassen, dass wir all dies nicht sicher wissen können, dass wir deswegen die Vorstellungen der anderen respektieren, dass es interessant ist zu hören, was ein anderer glaubt, dass wir unsere Vorstellungen ändern können und dürfen und dass wir unserem Herzen sehr gut zuhören sollten, wenn wir über diese wichtigen Fragen reden. Ja, wir können all dieses nicht wissen, d.h. wir können es nicht beweisen. Aber wir dürfen hier frei sein. Und niemand kann uns einen Glauben aufzwingen. Das gilt natürlich für den gesamten Bereich der Glaubensvorstellungen, so sehr sie auch von Traditionen geprägt sein mögen, aber eben auch für die Frage nach dem Tod. Und hier ist es besonders wichtig, sich das klar zu machen.

Nach dem Diskutieren und Bedenken von Vorstellungen über die Zeit nach dem Tod schauen wir uns im Unterricht Todesanzeigen an und suchen nach Zeichen der Hoffnung, der Liebe und der Dankbarkeit. Es gibt auch Symbole, die immer wieder auftauchen und eine bestimmte Hoffnung ausdrücken.

Solche Zeichen wollen wir auch entdecken, wenn wir zusammen einen Friedhof besuchen. Wir werden uns vorher darüber klar, wie wir uns an diesem Ort als größere Gruppe und als einzelne benehmen wollen. Es ist wichtig, das vorher anzusprechen, weil manche Kinder in ungewohnten Situationen dazu neigen, aus einer Verlegenheit heraus albern zu werden. Wir überlegen uns, wie sich die Menschen fühlen, denen wir auf dem Friedhof begegnen. Den Kindern ist dann eine freundliche Höflichkeit selbstverständlich. Wir sprechen auch darüber, wie wir uns auf den Wegen zwischen den Gräbern bewegen wollen, damit wir die Gedenkstätten und die Toten achten und die Angehörigen nicht stören.

Der Besuch des Friedhofs dauert nicht viel länger als eine Schulstunde. Ich will das Lärm- und Bewegungsbedürfnis der Kinder nicht zu sehr strapazieren. Die Kinder haben ein Blöckchen dabei und notieren oder zeichnen Aufschriften, Zeichen und ganze Grabsteine, die ihnen gefallen, die sie merkwürdig finden und die sie besprechen möchten.

Dies war immer ein gelungener und anregender Unterrichtsgang. Viele Kinder nehmen die Erfahrung mit, dass ein Friedhof ein schöner, ruhiger Ort voller Frieden ist. Dafür waren manche ausdrücklich dankbar, sogar besonders die größten Rabauken. Ich habe auch erlebt, dass mich Erwachsene auf dem Friedhof angesprochen und gefragt haben, warum ich diesen Friedhofsbesuch mit den Kindern mache. Sie spürten eine Art

Genugtuung darüber, dass die Kinder die Gräber bewunderten und auch artikulierten, dass sie die Mühe bemerkten, die sich die Verwandten geben, diesen Ort der Erinnerung liebevoll zu gestalten. Ich vergesse nicht, wie sich einmal eine alte Frau bei mir dafür bedankte, dass ich die Kinder auf den Friedhof geführt hatte.

Auch für Eltern kann es schön sein, mit ihren Kindern einen Friedhof aufzusuchen und sich dabei Gedanken darüber zu machen, was Tod bedeutet, wie andere Menschen ihn wohl sehen, wie sich das in den Gräbern ausdrückt und welche Liebe und Achtung für die Verstorbenen wir an den Gräbern sehen können. Das kann sich im Urlaub ergeben, an Orten, wo Friedhöfe etwas anders als gewohnt aussehen. Es kann sich bei der Grabpflege ergeben, dann ist es wichtig, das Kind daran teilhaben zu lassen. Es kann auch der örtliche Friedhof sein, den man einfach anschaut, damit man in seinem Wohnort Bescheid weiß, so wie man auch das Feuerwehrhaus, die Kirche, die Apotheke und die Läden kennt. Ich mache manchmal mit meinem Mann einen Spaziergang auf dem Engesohder Friedhof, und wir bewundern dort die in Stein gehauenen Engel der Jugendstilzeit.

Nach dem Friedhofsbesuch klingt dann in der Klasse das Thema Tod langsam aus. Aber wir haben ja immer wieder die Gelegenheit, darauf zurückzukommen, wenn es nötig und gut ist.

So ist es auch zu Hause. Wenn man einmal das Thema Tod beredet hat, und jeder in der Familie hat gefühlt, dass dies ein Thema ist, über das man sprechen kann und darf, dann kann es jederzeit aufgegriffen werden. Das ist so wichtig, weil wir ja immer wieder den Tod erleben und er uns immer wieder erschüttert. Sie legen mit solchen Gesprächen in Ihrer Familie eine Grundlage gegen Angst und Unsicherheit, für Freude und geistige Entwicklung und für ganz viel Vertrauen untereinander.

Liebes Kind!

In diesem Brief möchte ich dir etwas über den Tod und das Sterben erzählen. Du könntest hier ein Bild malen, wie du dir das vorstellst. Ich habe das oft von Kindern malen lassen, weil jedes Kind eine ganz andere Vorstellung davon hat und weil mich das interessiert. Jeder Mensch ist ja ganz besonders und hat ein ganz besonderes Wissen in sich.

Lies dir auch das Gedicht von Michael Ende in Ruhe durch. Du findest es am Anfang dieses Kapitels.

Wenn jemand stirbt, dann kehrt sein Geistwesen wieder in die geistige Welt zurück. Es passiert, wenn er alle Erfahrungen gemacht hat, die er in diesem Leben machen wollte. Man könnte auch sagen, wenn er alles gelernt hat, was er lernen wollte. Oder, wenn er alles erlebt hat, was gerade jetzt für ihn wichtig war. Alles bis auf seinen Tod! Und den erlebt er ja dann. Den eigenen Tod zu erleben ist auch eine sehr wichtige Sache.

Du hast dich sicher schon manchmal gefragt, warum der Tod bei den Menschen so unterschiedlich passiert. Manchmal muss jemand eine schwere Krankheit durchmachen. Manchmal geschieht der Tod plötzlich. Die Erwachsenen sagen: „Mitten im Leben!“ Dann ist es für alle ein großer Schock, bei einem Unfall oder bei einem Herzinfarkt. Die nächsten Verwandten sind dann völlig durcheinander. Es dauert oft lange, bis sie sich in ihrer Trauer beruhigen und anfangen, alles zu durchdenken. Man nennt das dann Trauerarbeit.

Eins ist dabei besonders wichtig, und das solltest du beachten: Diese Erlebnisse gehören zu jedem Leben, die Trauererlebnisse und das Todeserlebnis. Genauso, wie es ist, ist es richtig für alle, die es erleben. Diese schweren Erlebnisse gehören mit zu den Erfahrungen, die sich jeder Mensch vor dem Beginn seines Erdenlebens vorgenommen hat.

Wenn jemand das weiß, hört die Traurigkeit nicht auf. Man hat ja den Verstorbenen wirklich verloren. Man sieht ihn nicht mehr, und man kann nicht mehr mit ihm reden. Man fühlt sich einsam. Man möchte ihn gern in den Arm nehmen, seine Hände fühlen, mit ihm sprechen und lachen. Nein, die Traurigkeit geht nicht weg, wenn man weiß, dass dieser Tod für alle richtig ist.

Aber man braucht keine Angst um den Toten zu haben. Man kann sicher sein, dass es ihm gut geht. Und so kann man sich in seiner Trauer besser wieder erholen. Man kann besser über alles nachdenken und – jetzt kommt das Allerwichtigste – man kann fühlen, dass der andere noch da ist. Er hat ja nur seinen Körper verlassen. In der geistigen Welt ist er da.

Die meisten Menschen sehen und hören ihren lieben Verstorbenen nicht, weil sie ja im Körper sind und er in der geistigen Welt. Aber vielleicht kann der Tote seine Lieben hier auf der Erde sehen. Trotzdem kann es geschehen, dass ein Mensch seinen lieben Verstorbenen plötzlich für kurze Zeit sieht oder hört. Das ist dann ein großes Geschenk. Manchmal erzählen sich die Erwachsenen von solchen ungewöhnlichen Erlebnissen. Es gibt aber auch Menschen, die immer etwas von der geistigen Welt wahrnehmen. Man sagt, sie sind hellsichtig. Sie erzählen aber nicht oft davon, weil sie wissen, dass die meisten Menschen ihnen nicht glauben.

Manche Eltern trösten ihre Kinder: „Der Opa, der guckt vom Himmel auf dich herunter und freut sich über alles, was für dich schön ist!" Das stimmt irgendwie. Genau können wir das nicht wissen. Aber wir fühlen vieles, und diese Gefühle sollten wir auch beachten. Gerade gestern erzählte mir meine Freundin Martha, dass sie ihren Mann immer noch um sich fühlt, obwohl er schon seit vielen Jahren tot ist.

Viele, die einen geliebten Menschen verloren haben, bekommen ein ganz gutes Gefühl dafür, dass der andere noch da ist. Viele reden sogar mit ihren Toten. Oft haben sie auch das Gefühl, eine Antwort zu bekommen.

Als meine Mutter starb, war sie schon eine alte Frau. Aber noch nicht so alt! Wir hätten sie gern noch ein bisschen hier bei uns auf der Erde gehabt. Sie fehlt uns überall. Immer wieder passiert es mir, dass ich denke: „Das muss ich unbedingt Mutti erzählen!" Dabei fühle ich den Wunsch zu hören, was sie dazu sagen würde. Dann fällt mir sofort ein, dass ich das ja nicht mehr kann.

Aber kurz nach ihrem Tod hat sie sich einmal bei mir gemeldet. Das war so:

Ich hatte ein ganz schlechtes Gefühl in meiner Traurigkeit, weil ich dachte, ich hätte sie einmal in ihren Schmerzen nicht ordentlich und liebevoll behandelt. Ja, das war auch so! Als sie krank war, musste ich so viel laufen, wenn sie mit ihrer Glocke nach mir klingelte. Sie hatte dann Schmerzen, und ich musste ihr helfen, sich ein bisschen anders hinzulegen. Sicher war ich schon ganz müde davon. Ich war sowieso ganz durcheinander, weil ich wusste, dass sie bald sterben würde. Mir sind dann so ärgerliche Gedanken aus der Kinderzeit hochgekommen. Du weißt ja, dass man sich als Kind auch öfter mal über seine Mutter ärgert: „Was soll ich denn nun schon wieder machen? Kann sie mich nicht mal ein bisschen in Ruhe lassen?" So etwas habe ich als Kind bestimmt öfter gedacht. Und nun hatte ich das plötzlich wieder im Kopf. Als Kind ist das ja ganz normal und gehört einfach dazu. Aber dass mir diese Gedanken gerade jetzt einfielen, wo es ihr so schlecht ging! Und dabei habe ich dann einmal ihre Glocke so weit von ihr weggeschoben, dass sie sie nicht mehr mit ihrer Hand erreichen konnte. Ich hatte es gar nicht bemerkt, aber ich habe es genossen, dass endlich mal Ruhe war.

Als ich nach einer Weile merkte, dass die Glocke nicht an der richtigen Stelle stand, da habe ich mich so geschämt.

Später, nach ihrer Beerdigung, als sich meine Traurigkeit schon ein bisschen beruhigt hatte, kam die Erinnerung an die verschobene Glocke wieder hoch und an die gemeinen Gedanken, die ich gehabt hatte, und dann ging es mir gar nicht gut. Immer wieder fiel mir das ein. Ich bekam Bauchschmerzen davon. Immerzu musste ich daran denken. Ich war ja so gemein gewesen! Einfach eklig! Immer wieder kreiselte das in meinem Kopf herum. Nein, auch in meinem Herzen, ja, im ganzen Körper. Ich weiß gar nicht, wie lange das gedauert hat.

Doch eines Morgens wachte ich von dem Lachen meiner Mutter auf. Sie konnte immer sehr lustig und laut lachen, als sie noch lebte. Und genauso lachte sie jetzt. Ich konnte es ganz deutlich hören. Ich hörte es noch, als ich richtig wach war und meine Augen schon offen waren. Ich wusste auch gleich, warum sie lachte. Sie lachte mich aus. Sie lachte mich aus, weil ich mir solche Sorgen machte. Sie wollte mir mitteilen: „Du weißt doch, dass ich dir deswegen nicht böse bin! Du kennst mich doch! Ich weiß auch, dass ich dich als Kind manchmal genervt habe. Ich verstehe das alles!“ Ja, egal, was sie mir nun genau mitteilen wollte, meine Ängste und Sorgen waren vorbei. Es ging mir schlagartig wieder gut. Was hatte ich doch für eine tolle Mutter!

Natürlich fehlt sie mir noch immer, nachdem sie nun schon seit 17 Jahren in der anderen Welt ist. Aber ich weiß, dass alles so richtig ist. Irgendwann bin ich dann an der Reihe, diese Erde zu verlassen. Es ist gut, manchmal daran zu denken, weil man dann merkt, dass es auf einige Dinge gar nicht ankommt.

Weißt du, Traurigkeit sollte man nicht unterdrücken, sonst verkrampft man sich und kann nicht mehr normal leben. Wenn du weinen musst, dann ist das in Ordnung. Lass die Tränen raus. Manchmal muss man auch schreien und schimpfen. Auch Worte helfen dir, mit etwas klar zu kommen, was dich bedrückt.

Früher hat man den Jungen gesagt: „Es ist unmännlich, wenn du weinst." Das war natürlich Quatsch! An der Stelle sind Männer und Frauen gleich. Jeder Mensch wird traurig.

Einmal hatte ich einen Jungen in der Klasse, der seine Traurigkeit besonders gut zeigen konnte. Er schämte sich nicht, ganz laut zu weinen, als seine Mutter sehr krank wurde. Ich merkte, dass es ihm half, damit fertig zu werden. Und alle Kinder haben das gespürt: Keiner hat ihm das Gefühl gegeben, er müsste sich schämen. Dieser Junge konnte auch seine Fröhlichkeit und seine Freude besonders gut zeigen. Dann blitzten seine Augen, und alle sahen ihn an. Jeder wollte sein Freund sein. Er war sogar so beliebt, dass ich ihm einmal sagen musste: „Pass auf, dass du die anderen nicht zu etwas überredest, was sie eigentlich gar nicht wollen. Du bist sehr stark. Dadurch hast du auch viel Verantwortung!" Ja, das war etwas Besonderes. Jeder hat etwas Besonderes. Ich erzähle dir von diesem Jungen nur, damit du deutlich siehst: Auch ein Junge darf seine Trauer zeigen. Es schadet seinem Ansehen nicht.

Natürlich wollen wir keine „Heulsusen" sein, jemand, der bei jedem Mist gleich ein Riesentheater macht. Das hat mit richtigem Traurigsein nichts zu tun. Aber Kinder, die so überempfindlich sind, dass sie besonders leicht jammern und weinen, haben es oft in sich drin ganz schwer. Wenn es auch manchmal lästig ist, sei ihnen nicht böse! Vielleicht erleben sie dauernd etwas Störendes, etwas, das sie fertig macht, worüber sie aber nicht jammern dürfen.

Es gibt auch Kinder, die nie ihre Traurigkeit zeigen können. Ganz schmale Lippen bekommen sie. Manchmal lächeln sie sogar dabei. Aber innen fühlen sie sich oft ganz dunkel. Nur wenn man sehr gut auf andere achtet, kann man so etwas bemerken. Es ist gut, wenn man den anderen versteht, auch wenn er nichts sagt.

Wir können uns auch gegenseitig trösten.

Wenn jemand traurig ist, weil er ein liebes Wesen verloren hat, dann ist es wichtig, dass er merkt: „Es gibt noch jemanden, der mich lieb hat." Eigentlich weiß er das natürlich, aber er ist so traurig, dass er alles andere vergessen hat. Du gehst zu diesem Menschen und schaust ihn an, schiebst deine Hand in seine Hand, setzt dich neben ihn. Es geht ihm schon besser. Manchmal muss man Geduld haben. Du wirst vielleicht weggeschoben. Der Trauernde ist einfach nicht zu erreichen. Wenn dir das passiert, dann versuchst du es weiter. Wenn es aber nicht gelingt, dann musst du dir Hilfe holen bei einem Erwachsenen, der dich gut versteht. Diese Hilfe brauchst du dann unbedingt und der Trauernde auch. Ich habe gesehen, wie Kinder fast krank geworden sind, weil sich ihre Eltern nicht von ihnen trösten ließen. Da musste dringend jemand helfen.

Eine Möglichkeit hast du immer. Du kannst beten. Vielleicht fängst du dann dein Gebet an: „Lieber Gott, hilf mir..." Und dann erzählst du alles, was dich bedrückt. Wenn du denkst: „Gott weiß das ja sowieso!", ist es trotzdem gut, es zu erzählen. Du kannst auch zu deinem Schutzengel beten oder mit deinem Höheren Selbst reden, mit deinem göttlichen Funken. Wichtig ist, dass du dir klar machst: „Ich darf in meinem Gebet alles aussprechen. Und ich darf um Hilfe bitten!" Wenn es dir besser geht, vergiss nicht zu danken. Auch das gehört dazu.

Wenn du betest, wirst du merken, dass es auch für dich selbst sehr gut ist, wenn du für andere bittest. Du schickst dabei automatisch deine Liebe und Kraft zu dem anderen, für den du bittest. Gedanken sind sehr starke Kräfte, sie können etwas verändern oder stärken.

Jetzt haben wir über Trauer gesprochen. Sicher hast du viele eigene Gedanken darüber. Vielleicht hast du auch schon einiges erlebt und möchtest das jetzt alles erzählen. Das ist sehr gut. Einer von deinen lieben Erwachsenen hört dir bestimmt zu. Meistens sind die Erwachsenen sogar froh, wenn ihr Kind dieses Thema anfängt, weil sie selbst das oft nicht schaffen. Vielleicht haben sie schon zu viel erlebt und dann darüber nicht gesprochen.

Es kann dir auch passieren, dass jemand zu dir sagt: „Das ist doch kein Thema für Kinder!" Ja, es gibt Erwachsene, die vergessen haben, wie viele Gedanken sie sich als Kinder machten. Sie wollen dich vielleicht vor der Trauer schützen. Dann lass nur nicht locker! Für sie ist ein Gespräch mit dir bestimmt besonders wichtig. Erst wenn du merkst, es geht gar nicht, suchst du dir jemand anderen für dein Gespräch. Es gibt einfach Menschen, die man nicht herauslocken kann.

Als ich so alt war wie du, glaubte ich, wenn jemand gestorben ist, kommt er in den Himmel. Ich konnte mir das nicht genau vorstellen. Aber irgendwie musste das schön sein! Ich glaubte auch, dass der Himmel irgendwie mit Gott zusammenhängt. Ich wusste ja schon, genau wie du, dass der Himmel kein Ort war, sondern dass wir so die Luftschichten sehen, die die Erde umgeben. Blau sieht man sie am Tag und dunkel bei Nacht. Wenn bei Nacht die Sonne den Himmel nicht erhellt, kann man weit hinaus in das Universum sehen. Besonders wenn der Mond nicht scheint! Wir lieben die Sonne und den Mond mit ihrem so unterschiedlichen Licht. Aber wir lieben auch das Funkeln der Sterne.

Als ich ein Kind war, gab es noch nicht so viel künstliches Licht wie heute. Es gab noch nicht so viele Straßenlaternen, besonders in den Dörfern. Und ich wuchs in einem Dorf auf.

Ich konnte abends die Sterne funkeln sehen, sogar vom Fenster aus, ich erinnere mich noch heute daran. Ich fand den Himmel wunderbar.

Manchmal ging unser Vater mit uns hinaus aus dem Dorf, dann leuchteten die Sterne noch heller. Du hast sicher den wunderbaren Sternenhimmel auch schon gesehen und seine Schönheit gefühlt. So sehen wir von hier aus das Universum. Irgendwo dort, dachte ich, muss der Himmel sein, in den man zu Gott kommt, wenn man stirbt. Genauer musste ich es gar nicht wissen. Irgendwie unendlich! Vielleicht war ich auch unendlich? Wie Gott, wie das Universum?

Ich habe später als Lehrerin erfahren, dass viele Kinder so ähnlich denken. Wie ich dir schon sagte, habe ich von meinen Schulkindern viele Bilder über den Tod malen lassen. Darauf sah ich oft die Seele über dem Körper schweben und darüber den Himmel mit Wolken und Sonne, Mond und Sternen. Manche Kinder haben auch einen Mann ganz oben gemalt und gesagt: „Das ist Gott!“ Andere, die es so ähnlich gemalt hatten, sagten: „Das soll Gott sein. Ich konnte ihn nicht anders malen, weil ich ja nicht weiß, wie er aussieht!“ Oder sie haben erklärt: „Ich weiß, dass er eigentlich nicht sichtbar ist!“ Manche haben Gott nicht gemalt und das auch erklärt. Manche haben gesagt: „Ich wollte Gott nicht malen!“ Oder: „Man kann Gott nicht malen!“ So sind die Kinder verschieden in ihrem Denken.

In den letzten Jahren hat sich viel verändert. Das Wichtigste ist sicher das Gefühl, das fast alle Menschen in unserem Land heutzutage haben: „Niemand kann mir vorschreiben, was ich glauben soll!“

Natürlich können wir andere fragen, was sie glauben. Manchmal haben wir das Gefühl, jemanden zu finden, der viel darüber nachgedacht hat. Den können wir fragen. Besonders wichtig ist aber, was deine Eltern dir erzählen. Du weißt ja, ihr seid extra zusammen, weil ihr auch diese Dinge miteinander erfahren und lernen wollt.

Leider gibt es aber auch sehr viele Menschen, die nicht über ihren Glauben nachdenken wollen. Die sagen dann: „Ich glaube an nichts!“ Oder: „Das ist alles Quatsch! Hauptsache, mir geht es gut!“ Naja, ihr kennt solche Leute! Vielleicht fangen sie erst später an, darüber nachzudenken, vielleicht erst dann, wenn ihnen etwas ganz Schlimmes oder etwas ganz Schönes passiert ist.

Mit jemandem, der sagt, er glaubt nichts, oder ihm ist das egal, kann man sich meist nicht über so etwas unterhalten. Es ist schwierig, einen solchen Menschen überhaupt zu einem Gespräch über religiöse Fragen zu bringen. Kennst du das schon? Bei anderen Menschen ist es aber sehr interessant zu fragen: „Wie stellst du dir das Leben nach dem Tod vor?“ Es gibt sehr viele Antworten. Man kann immer wieder darüber nachdenken.

Es gibt Länder auf dieser Erde, wo die Kinder glauben, dass ein Mensch, wenn er gestorben ist, ganz bald wiedergeboren wird. Ein großer Teil der Menschheit hat diesen Glauben. Man nennt das den Glauben an die Wiedergeburt oder den Glauben an die Reinkarnation (das heißt gleichfalls ‚Wiedergeburt‘). Wenn du diesen Gedanken noch nicht kennst, wirst du ihn gleich besser verstehen.

Als mir als Kind mein Vater von diesem Glauben erzählte, leuchtete mir das sofort ein. Ich dachte: „Wenn ich gestorben bin, komme ich zuerst in den Himmel zu Gott. Und wenn ich mich etwas ausgeruht habe, werde ich wieder auf dieser Erde geboren.“ Ich dachte auch: „Manches kann ich auf dieser Erde schon richtig gut. Das habe ich vielleicht in einem früheren Leben schon geübt und gelernt. Andere Sachen fallen mir sehr schwer. Die muss ich jetzt nur richtig üben, dann kann ich sie vielleicht in einem späteren Leben schneller lernen.“ Ich freute mich auch, weil ich dachte: „Meine Eltern und meine Geschwister, die kenne ich bestimmt schon aus früheren Leben.“ „Ja, und natürlich auch meine beste Freundin Elisabeth!“ Und das glaube ich sogar heute noch.

Als ich jung war, glaubten in unserem Land nur ganz wenige Leute an die Wiedergeburt. Ich merkte auch bald, dass es keinen Zweck hatte, anderen Kindern von meinem Glauben zu erzählen.

Auch als Lehrerin habe ich den Kindern davon nichts erzählt. Aber in den letzten 20 Jahren haben auf einmal immer mehr Menschen angefangen, an die Reinkarnation zu glauben. Immer öfter kam es vor, dass ein Kind im Religionsunterricht erzählte: „Ich glaube, wenn ich gestorben bin, suche ich mir wieder eine Mutter und gehe in ihren Bauch rein!“ Oder: „Wenn man gestorben ist, bekommt man ein neues Leben auf der Erde!“

Heutzutage sind es schon sehr viele Kinder, die etwas in der Art glauben. Durch das Fernsehen lernen wir so viel von anderen Völkern kennen, dass wir auch vom Glauben unserer anderen Menschengeschwister immer mehr wissen. Wir glauben auch nicht mehr so leicht, wenn jemand uns sagt, so und so ist das! Wir wollen selber darüber nachdenken und uns dann entscheiden, was wir glauben.

Jetzt gibt es viele Bücher über die Wiedergeburt. Die Menschen beschäftigen sich damit. Sie unterhalten sich darüber. Sie denken zusammen darüber nach. Sie lesen, was jemand darüber schreibt. Sogar in Spielfilmen kommt es vor. Und so hat sich die Vorstellung von der Reinkarnation immer weiter ausgebreitet.

In Europa gab es schon immer einige Menschen, die daran geglaubt haben, dass wir nicht nur *einmal* auf dieser Erde geboren werden. Sehr viele deutsche Dichter hatten diesen Gedanken.

Die Kirche wollte aber diesen Glauben nicht. Vielleicht meinten die Verantwortlichen in den Kirchen, es würde die Menschen davon abhalten, an Jesus Christus zu glauben. Ich denke, dass das gar nicht so ist. Der Glaube an die Wiedergeburt braucht die Liebe zu unserem Herrn Jesus nicht zu stören. Jedenfalls war es für mich immer so! So könnte es aber gekommen sein, dass der Glaube von der Reinkarnation sich früher nicht ausbreitete.

Daran, dass sich immer mehr Menschen mit dem Gedanken der Reinkarnation beschäftigen, merkte man auf einmal, dass es auch Menschen gibt, die sich an ein früheres Leben erinnern können. Sie glauben es jedenfalls. Man kann es schlecht beweisen, weil es ja auch eine Phantasiegeschichte oder eine eingebildete Geschichte sein könnte.

Ein Wissenschaftler in Amerika (er heißt Ian Stevensen) hat viele Kinder kennengelernt, die sich an ein früheres Leben erinnern. Manche konnten sich an ihr früheres Haus erinnern oder an einen Gegenstand, der für sie sehr wichtig gewesen war. Ein Junge konnte sich erinnern, dass er in seinem Haus als junger Mann ein Gewehr versteckt hatte. Dann war er bald gestorben, war aber sehr schnell auf die Erde zurückgekommen. Er hat den Wissenschaftler zu diesem Haus geführt und hat ihm das Versteck mit dem Gewehr gezeigt. Das Gewehr war noch da, weil niemand anders das gewusst hatte. Sogar seine früheren Eltern lebten noch. Sie waren sehr erstaunt, als sie der Wissenschaftler mit dem fremden Jungen besuchte, der behauptete, früher ihr Sohn gewesen zu sein. Ja, sie hatten einen Sohn gehabt, der als junger Mann gestorben war. Das war sehr traurig gewesen. So wurden sie neugierig, dieses Kind kennenzulernen. Sie mochten es auch. Der Junge hat aber seine früheren Eltern sofort erkannt. Das sagte er jedenfalls. Ian Stevenson hat ein ganz dickes Buch über diese Forschungen geschrieben.

Sind das Beweise? Nein, aber manche Eltern beobachten, dass ihr kleines Kind öfter mal Bemerkungen macht, die irgendwie sonderbar sind und die man am besten erklären könnte, wenn man davon ausgehen würde, dass sich das Kind an ein frühes Leben erinnert. Ich weiß nicht, ob du schon mal das Gefühl hattest, dich an etwas aus einer anderen Zeit zu erinnern.

Meine Freundin Ina erzählte mir neulich von einem kleinen Mädchen aus ihrer Nachbarschaft, das seiner Mutter immer wieder etwas von seiner „früheren Mutter“ erzählt. Das Kind ist gerade drei.

Vor kurzem habe ich ein Buch entdeckt, in dem eine Frau über solche Erinnerungen von Kindern schreibt. Es heißt: „Früher als ich groß war“ und ist von Joanne Klink. Es scheint jetzt viele Kinder zu geben, die sich an etwas aus einem früheren Leben erinnern. Später vergessen es dann die meisten Menschen. (Jedenfalls war es bis jetzt so!) Vielleicht ist das so eingerichtet, damit man sich ganz auf dieses Leben konzentrieren kann.

Viele vergessen es auch, weil die Erwachsenen, besonders die Eltern, ihnen nicht zuhören. Die Eltern sagen vielleicht: „Das bildest du dir ein!“ Oder: „Das hast du geträumt!“ Das macht die Kinder dann selbst unsicher, und schließlich vergessen sie es.

Du hast Eltern, die sich für solche Gedanken interessieren. Da kannst du froh sein! Du kannst mit ihnen über alles reden.

Notizen:

Über Engel und Elfen

Liebe Eltern!

Manchmal ist man unsicher, was man den Kindern erzählen soll von den eigenen spirituellen Erfahrungen und was nicht. Gängelt man sie zu sehr, drückt man sie in eine Richtung, in die sie von ihrer Lebensaufgabe her gar nicht gehören?

Bei meinen Schulkindern ist es einfacher, als es bei meinen eigenen Kindern war. Ich wäge stärker mit dem Kopf ab. So kann ich vieles einbringen, und die Kinder werden angeregt, von sich zu erzählen. Dadurch haben sie auch mir oft Mut und innere Sicherheit geschenkt.

Ich möchte natürlich nicht den Eltern in die geistige Erziehung ihrer Kinder „hineinpfuschen“. Aber meine Schulkinder erfahren von Anfang an und immer wieder, dass niemand durch jemanden gezwungen oder überredet werden soll, irgendwelche Vorstellungen zu übernehmen. Trotzdem bin ich vorsichtig. Viele Kinder kommen in die Schule und haben noch gar keine religiösen Erfahrungen und kein religiöses Wissen. Ihre Eltern haben, sicher teilweise aus Verunsicherung, diesen Bereich einfach ausgespart. Manchmal sind die Kinder auch antireligiös beeinflusst. Aber immerhin haben die Eltern ihre Kinder zum Religionsunterricht angemeldet. Damit bringen sie zum Ausdruck, dass ihr Kind etwas Religiöses wenigstens mal kennenlernen soll, und sie haben sich dabei für die übliche Richtung entschieden. Viele haben dabei ihre Verantwortung auch an mich abgegeben. Ich spüre das oft bei Elterngesprächen. Einige Kinder sind aber doch von den Kirchen her religiös geprägt. So orientiere ich mich an dem, was innerhalb eines christlichen Religionsunterrichtes tolerierbar ist.

Da ich, wie gesagt, in zwei Vorstellungswelten aufwuchs, auf der einen Seite das lutherisch geprägte Christentum, auf der anderen Seite esoterische Anschauungen, habe ich früh gelernt, Animositäten sehr gut einzuschätzen. Seit allerdings die „Esowelle rollt“, sind unterschiedliche Vorstellungswelten sehr viel tolerabler geworden, und ich muss nicht mehr so vorsichtig sein.

Schon vor etlichen Jahren hörte ich in einem Konfirmationsgottesdienst, wie ein Konfirmand sich in seinem selbst formulierten Glaubensbekenntnis zum Glauben an die Reinkarnation bekannte. Seitdem traue ich mich auch, mehr von mir einzubringen. Ich stelle fest, dass immer mehr Kinder unseres Kulturkreises die mehrfache Verkörperung auf dieser Erde in ihre Vorstellungswelt aufgenommen haben. Dass Gott kein alter Mann ist, der uns seinen Willen aufzwingen will, ist für alle Kinder schon lange klar. Selbst wenn sie Gott gelegentlich als alten Vater im Himmel malen, wissen sie doch, dass dies ein Bild für etwas ist, das man als Mensch nicht leicht ausdrücken kann. Es wird immer selbstverständlicher, dass Gott überall ist, um uns herum, in uns und in unseren Mitmenschen, dass er gerade hier sichtbar werden kann und dass wir nicht alles wissen können.

Ich möchte Ihnen Mut machen, mit Ihren Kindern in diesem Alter über Gott und die Welt zu sprechen. Sie dürfen Ihren Kindern erzählen, was Sie selbst erfahren haben, und Sie werden glücklich sein zu erleben, wie sehr Sie von Ihren Kindern lernen können. Ein solches Gespräch, ein gemeinsames Betrachten von Bildern oder das Vorlesen von Büchern mit religiösen oder philosophischen Inhalten, natürlich dem Verständnishorizont ihres Kindes angepasst, verbindet Sie außerdem sehr stark miteinander. Natürlich dürfen Sie Ihr Kind nicht drängeln oder gar gängeln. Meist müssen Sie warten, bis es zu Ihnen kommt. Aber wenn Sie selbst begeistert oder traurig sind, eine neue Erfahrung machen oder über eine religiöse Frage gerade nachdenken, dann wäre es schade, wenn Sie Ihrem Kind nicht davon erzählen würden.

Alles muss ganz locker bleiben. Es ist in Ordnung, wenn Ihr Kind auf Ihre Mitteilung eingeht. Und es ist auch in Ordnung, wenn es kaum zuzuhören scheint und schon an seine nächste spannende Fernsehsendung denkt. Es entscheidet selbst, was es aufnehmen will. Auch wenn Sie Ihrem Kind aus diesem Buch vorlesen und Sie merken, es beginnt sich zu langweilen, fragen Sie es, ob Sie aufhören sollen. Es wird sich schon melden, wenn es mehr hören möchte.

Denken Sie daran, dass Ihr Kind und Sie schon lange wussten, dass Sie Eltern und Kind sein würden, dass Sie sich schon lange, lange kennen aus früheren Leben, von früheren Erfahrungen, auch wenn Sie sich jetzt nicht daran erinnern. Was Sie ihm beibringen können, hat seinen Sinn. Und was es nicht von Ihnen annimmt, hat ebenso seinen Sinn. Sie sind für eine Zeit lang sein Helfer, sein Tor in diese Welt.

Später können Sie sein Freund oder seine Freundin sein. Zwischendurch wird Ihr Kind vielleicht überhaupt nicht an spirituellen Fragen interessiert sein. Und noch später wird es sich vielleicht von Ihnen lösen wollen und für viele Jahre alles verwerfen, was Sie glaubten, ihm mitgegeben zu haben. Denken Sie an Ihre eigene Jugend! Aber es ist nichts verloren. Wenn Sie jetzt mit Ihrem Kind in diesen Fragen offen sind, können Sie beide vielleicht später wieder daran anknüpfen. Es ist sehr schön für Sie beide, wenn Ihnen diese Vertrautheit in diesem Leben gelingt.

Ich will auch Sie nicht gängeln. Sie machen es, wie Sie es wollen! Vielleicht geben Sie Ihrem Kind dieses Buch gar nicht in die Hand, weil Sie mit ihm lieber nur reden wollen. Oder Sie werfen es weg, weil Sie es übertrieben finden oder zu seicht, zu einfach, was weiß ich. Sie entscheiden, und Ihr Kind entscheidet. So ist es im ganzen Leben. Wir sind für uns verantwortlich, und jeder hat in diesem Leben etwas anderes zu lernen und zu erfahren.

Jetzt möchte ich zu Ihrem Kind von Engeln sprechen. Vor kurzem hat ja eine richtige Engelmode angefangen. In jedem Blumenladen oder Einrichtungslädchen stehen kleine Engel aus Ton oder Elfen aus Porzellan herum. Engelbilder aller Zeiten und Arten werden angeboten. Engelbücher füllen ganze Regale in den Buchhandlungen. Mir hat diese Modeerscheinung Mut gemacht, meinen eigenen Glauben an Engel wieder ernster zu nehmen. Ich werde Ihren Kindern auch von meinen eigenen kleinen Engelerfahrungen berichten.

Als ich mein Pädagogikstudium begann, war ich sehr vernünftig, so, wie die ältesten Mädchen einer Familie manchmal sind. Ich sagte mir: „Sicher muss ich zuerst in einer Landschule arbeiten, und dann muss ich einfach alles unterrichten können." Ich hatte Recht, es war damals noch so. Also belegte ich alles querbeet, unter anderem auch Theologie, weil Religionsunterricht eben auch dazugehörte. Ich studierte also vier Semester Theologie an der PH. Das ist bestimmt nicht viel. Aber damals war eine Richtung Mode, die nicht zu mir passte. Es wurde alles rationalisiert. Wenn ich ehrlich bin, weiß ich heute nichts mehr davon, und das bedaure ich auch nicht. Ich weiß nur, dass viele junge Leute, die damals ernsthaft Theologie studiert haben, ihren Glauben verloren und nur noch ihr soziales Engagement aus den Lehren Jesu ableiteten.
Mir ging es zum Glück nicht so. Ich hatte ja Theologie auch nur als *ein* Fach innerhalb des Lehrerstudiums belegt. Die Studienzeit war zu kurz und die esoterische Ausbildung durch meine Eltern zu grundlegend.

Nach vier Semestern musste ich meine Fakultas machen, die es mir später erlauben würde, evangelischen Religionsunterricht zu erteilen.

Damals hieß es „Evangelische Unterweisung". Man vermied sogar das Wort Religion. Die Prüfung bestand in der ausführlichen schriftlichen Beantwortung von mehreren Fragen in einem Hörsaal über mehrere Stunden mit vielen Kommilitonen zusammen. Ich hatte unserem Professor gut zugehört, gut gelernt und genug gelesen. Es war also kein Problem, diese Prüfung zu bestehen. Aber ich hatte das Gefühl, dass es vielleicht niemanden im ganzen Hörsaal gab, der einen so ungewöhnlichen Glauben hatte wie ich. Natürlich konnte ich die biblischen Geschichten sozial, symbolisch und geschichtlich deuten. Aber für mich steckte mehr dahinter. Mir kam es plötzlich unfair vor, so zu tun, als würde ich alles so sehen wie unser Professor.

Also griff ich ein Thema heraus, das ich ausführlich und ehrlich behandeln wollte. Es war das Thema Engel. Ich bekannte in meiner Prüfungsklausur, dass ich an Engel als Wesen glaubte. Dazu gehörte wirklich Mut. Aber ich dachte: „Wenn sie dir das durchgehen lassen, dann hast du sozusagen die Erlaubnis, Religionsunterricht in deinem Sinne zu erteilen." Im Stillen rechnete ich damit, dass ich auf Grund dieses Bekenntnisses durchfallen würde. Ich hatte unserem rational deutenden Professor wirklich gut zugehört.

Nichts dergleichen geschah. Ohne Kommentar bekam ich meine Fakultas ausgehändigt. Ich war fast ein bisschen enttäuscht. Insgeheim habe ich dann eigentlich immer vermutet, dass meine „Ergüsse" gar nicht richtig durchgelesen wurden. Aber vielleicht war das eine falsche Einschätzung. Vielleicht hat unser Professor damit, dass er mich bestehen ließ, seine Toleranz und Offenheit bewiesen.

Dass ich einmal ausführliche Unterrichtseinheiten zum Thema Engel erarbeiten würde, dass ich auch im Unterricht bekennen würde: „Ich glaube an Engel!", das hätte ich damals, im Jahr 1961, noch nicht für möglich gehalten.

Mir ist natürlich klar, dass eine katholische Religionslehrerin meines Alters in ihrem Studium und im Laufe ihrer Dienstzeit ganz andere Erfahrungen gemacht haben muss. Gebete an Engel in der katholischen Kirche und eine Schutzengelkirche in Italien nahm ich staunend wahr, während in den evangelischen Unterrichtseinheiten das Lied von Rudolph Otto Wiemer, meinem geliebten Klassenlehrer der 9. und 10. Klasse, besonders wichtig war: „Es müssen nicht Männer mit Flügeln sein…"

Ich wünsche mir, dass der Glaube an Engel als von Gott geschaffene Wesen auf dieser Erde weiter zunimmt. Ja, nicht nur der Glaube, sondern ein durch Erleben sich immer stärker festigendes Wissen! Auch ein

Wissen darum, dass wir auf unserem Weg durch dieses Leben einen Schutzengel haben, der uns begleitet, vielleicht sogar mehrere. Es ist auch möglich, sich vorzustellen, dass es ein begleitendes Geistwesen anderer Vorstellungswelten sein kann, ein „Totemtier" vielleicht oder ein „Geistführer". Man kann in den esoterischen Büchern jetzt so vieles lesen!

Unsere überlieferten Bilder und unsere Fantasie geben den spirituellen Erfahrungen ihre Ausprägung: Ein christlicher Engel sieht im 11. Jahrhundert anders aus als im 19. Jahrhundert. Eine Putte in einer Barockkirche sieht anders aus als ein Grabsteinengel des Jugendstils. Ein persischer Engel sieht anders aus als ein griechisches mythologisches Wesen. Der germanische Gott Odin wurde von zwei heiligen Raben begleitet. Perseus aus der griechischen Sage bewegte sich mit seinen Flügelschuhen. Ganz anders und fremder ist die gefiederte Schlange der alten Mexikaner. Die Inder haben Dewas und Gottheiten. Und mein Schutzengel ist anders als das Totemtier eines bekennenden nordamerikanischen Indianers. Aber alle diese Wesen, ob Engel oder Gottheiten, waren oder sind geistige Kräfte. Und oft sind es auch Geistwesen wie wir. Es gibt sie wirklich, und einige von ihnen stehen uns Menschen in unserer Entwicklung hilfreich zur Seite.

Ich möchte durch meine Einstellung nicht das Gefühl schmälern, wie wunderbar es ist, wenn Menschen wie Engel sind. Wir kennen das alle, wie erlösend ein Mitmensch in unserem Leben wirken kann. Dann ist der Vergleich mit einem Engel sehr schön. „Du bist wie ein Engel!", lässt den Glauben an Engel als eine besondere Kategorie von Wesen ja weiterhin zu. Der Satz: „Du bist ein Engel!", kann sehr locker gemeint sein. Aber er kann uns auch in unserer ureigenen Wahrheit als Geistwesen ansprechen. Beides ist wunderschön. Hierzu möchte ich eine kleine Geschichte erzählen, wieder von meinen Schulerfahrungen.

Ein Junge sagte oft etwas über seine Mutter, das ich als herabsetzend und eigentlich traurig empfand. Er sagte z. B.: „Ach, meine Mutter, die liegt sowieso immer auf dem Sofa und tut nichts!" Oder: „…und liest Romane!" Auf mich wirkte die Frau ganz anders. Ich dachte mir: „Vielleicht vermittelt der Vater diesen Eindruck an seinen Sohn!" Diese Aussage des Jungen kam öfter und irritierte mich als Frau und Mutter.

Eines Tages sprachen wir über Engel. Dabei erhielten die Kinder den Auftrag, einen Engel zu zeichnen. Ja, und nun zeichnete der Junge einen Engel, der so aussah wie seine Mutter. Die Ähnlichkeit war erstaunlich. Es stimmte sogar die blonde Kurzhaarfrisur, was für einen sonst traditionell gestalteten Engel mit langem Kleid und Flügeln eigentlich recht ungewöhnlich ist. Der Junge bemerkte es selbst natürlich gar nicht. Als ich ihn liebevoll darauf aufmerksam machte, war er sehr erstaunt. Er sagte nie mehr etwas Abfälliges über seine Mutter. Ich hoffe, er ist sich seiner Liebe zu seiner Mutter ein wenig bewusster geworden.

Die letzte Geschichte, die ich erzähle, soll ein bisschen Mut machen, zu seinen eigenen Erfahrungen zu stehen. Ich bin sicher, dass viele Menschen Erlebnisse haben, die darauf hindeuten, dass wir mehr sind als nur unser Körper. Aber es wird von vielen als sehr ungewöhnlich, wenn nicht gar psychisch krank angesehen, wenn man etwas erlebt, das nicht als Körperphänomen gedeutet werden kann. Deswegen erzählt man es lieber nicht, man verdrängt es und glaubt schließlich der eigenen Erinnerung nicht mehr, bis man es „vergisst".

Nach dem Abitur besuchte ich eine befreundete Familie in München. Der Mann war Bischof der liberalkatholischen Kirche. Das ist eine sehr kleine christliche Glaubensgemeinschaft, die eng an die Theosophische Gesellschaft angegliedert ist und in Deutschland nur sehr wenige Mitglieder hat. Daher wurde der sonntägliche Gottesdienst in einem Zimmer abgehalten, das der Familie gleichzeitig als Gästezimmer diente. Am Abend sagte die Gastgeberin zu mir: „Mal sehen, wie du bei den Engelchen schläfst!" Ich lachte und fand, dass das eine lustige Vorstellung war.

Ich hatte Beschreibungen gelesen, in denen gesagt wird, dass sich während eines Gottesdienstes eine sehr heilige Atmosphäre aufbaut, in der geistige Wesenheiten daran arbeiten, die Seelen der Menschen zu immer spirituellerem Sein anzuregen. Die Atmosphäre wird immer stärker aufgeladen mit heiligen Vibrationen, und immer mehr geistige Helfer, Engel, strömen herbei, um an diesem Werk teilzunehmen. Verschiedene Hellseher hatten diese Beobachtung geschildert. Sicher war es etwas Besonderes, in einem Raum zu schlafen, in dem etwas Derartiges jeden Sonntag geschah!

Ich dachte mir, dass ich dort sicher besonders gut schlafen würde. Ansonsten war mein Sinn auf etwas ganz anderes gerichtet. Ich war unglücklich verliebt und hatte gehofft, den Angebeteten in München zu treffen. Das war der eigentliche, aber nicht verratene Grund, diese Familie zu besuchen, mit der er, wie ich wusste, befreundet war. Leider hatte sich aber noch kein Wiedersehen ergeben.

Als ich nun im Bett lag, kümmerte mich die heilige Atmosphäre dieses Raumes also herzlich wenig. Zwar hatte ich gesehen, dass meinem Bett gegenüber auf einem Tisch ein Altar mit einem Kreuz aufgebaut war. Ich hatte es aber nur kurz angeschaut. Ich lag in meinem Bett und betete ein recht irdisches, kindliches Bittgebet: „Lieber Gott mach, dass ich ihn treffe und er mich liebt!“ Der Inhalt diese Gebetes war ja höchst einfach. Aber ich war vielleicht in meinem Beten sehr intensiv. Und da ich vor Aufregung nicht einschlafen konnte, dauerte dieses Gebet sicher viel, viel länger als die üblichen Stoß- und Bittgebete meiner Jugend. Ob ich irgendwann eingeschlafen war oder nicht, weiß ich nicht. In dem Augenblick, als das Geschehen einsetzte, das mich bis heute erstaunt, war ich jedenfalls wach.

Das Kreuz mir gegenüber erschien mir plötzlich riesig. Ich bemerkte, dass es einen sehr breiten Querbalken hatte. Solche Kreuze hatte ich schon gesehen. Vom Längsbalken aber ging ein blaues Licht aus wie eine elektrische Entladung, und der ganze Raum war von einem lauten Knattern erfüllt, wie es elektrische Entladungen erzeugen können. Die fortwährende bläuliche Blitzwand ging durch den Raum bis in meine Wirbelsäule. Es tat nicht weh. Aber ich war vor Schrecken wie gelähmt. Obwohl ich hier keine Engelerscheinung hatte, verstehe ich seitdem, dass die biblischen Engel die Menschen mit den Worten begrüßen: „Fürchte dich nicht!“ Ich suchte nach Erklärungen für das gewaltige Geräusch. Ich dachte an Bohrungen oder Staubsaugen. Aber es war mitten in der Nacht, und für den breiten Lichtbogen hätte mir die Erklärung des Geräusches sowieso keine Aufklärung geliefert. Ich hatte keine Angst. Aber ich dachte, dass etwas wirklich Ungewöhnliches ablief. Irgendwann schlief ich dann wieder ein.

Am nächsten Morgen erzählte ich es meinen Gastgebern. Aber sie sagten nichts dazu. Wahrscheinlich war der Mann sogar böse auf seine Frau, die mich mit ihrer Bemerkung zu einem solchen Erlebnis angeregt haben könnte.

Für mich war es aber keine Einbildung. Dies habe ich so erlebt, wie jedes rein körperliche Ereignis meines Lebens. Immer mal wieder fragte ich mich, was das wohl bedeutet haben könnte und was es war. Bisher konnte ich es nicht aufklären. Vielleicht war meine eigentliche Sehnsucht damals auf ein Einssein mit dem Göttlichen gerichtet. Sicher hat es mit dem Sinn meines Lebens zu tun. Es gibt keine einfache Erklärung. Aber eins ist ganz sicher: Ich habe es erlebt. Es war kein Traum und auch keine Fantasie.

Gute Nacht, mein Kind!

Bevor du heute einschläfst, möchte ich dir etwas über Engel erzählen. Du kennst bestimmt einige Geschichten von Engeln aus dem Religionsunterricht oder aus dem Kindergottesdienst oder aus einem Bilderbuch. Vielleicht hat dir deine Mama auch erklärt, dass du einen Schutzengel hast, der dich immer begleitet.

Es gibt aber viele Menschen, die sagen: „Ich glaube nicht an Engel! Das sind nur schöne Geschichten für Kinder!" Manche sagen auch: „Ja, es gibt Engel. Das sind besonders gute Menschen!" Klar, du kennst auch solche Menschen. Wenn du dir wehgetan hast und jemand tröstet dich ganz lieb, dann kommt er dir vielleicht auch wie ein Engel vor. Aber er ist doch ein Mensch. Ein Engel ist eigentlich etwas anderes.

Gott hat nicht nur die Steine, Pflanzen, Tiere und Menschen entstehen lassen, sondern auch unsichtbare Wesen. So wie du als Geistwesen vor deiner Geburt und nach deinem Tod für die Menschen auf dieser Erde unsichtbar bist, so gibt es auch andere unsichtbare Wesen, auch solche, die keinen irdischen Körper annehmen. Manche von ihnen leben trotzdem mit uns auf unserer Erde. Das sind zum Beispiel die Engel. Ich werde dir aber auch von Elfen und Zwergen erzählen, die du sicher aus den Märchen kennst.

Von den Engeln habe ich gehört, dass sie immer Gottes Willen tun. Wir Menschen können uns ja entscheiden, ob wir dies tun oder das. Manchmal machen wir dann auch Sachen, die nicht so toll sind, manchmal sogar richtig gemein oder böse! Oft wissen wir es selber. Dann haben wir ein schlechtes Gewissen. Ein schlechtes Gewissen kennen die Engel nicht. Sie tun nie etwas, das sie von Gott wegbringen würde. Die Engel haben in der Schöpfung Gottes viele wunderbare Aufgaben. Sie sind auch nicht nur auf dieser Erde.

Vielleicht hast du aber schon einmal etwas von einem Engel gehört, der nicht länger Gottes Willen tun wollte und deswegen vom Himmel stürzte. Es soll der Engel Luzifer gewesen sein. Er wird auch Teufel genannt. Er soll noch viele gefallene Engel um sich herum haben, die sich alle darum bemühen sollen, die Menschen zu bösen Taten zu überreden. Ich konnte mich mit dieser Vorstellung nie so richtig anfreunden. Ich wollte dir aber nicht verheimlichen, dass es diese Anschauung gibt. Vielleicht kannst du ja mehr damit anfangen als ich.

In unserer Religion kennen wir vier Erzengel: Gabriel, Michael, Uriel und Raphael. Gabriel und Michael kennen wir am besten. Gabriel kommt immer als Bote Gottes zu den Menschen. Du kennst doch bestimmt die Geschichte, wie der Engel Gabriel zu Maria nach Nazareth kommt und ihr sagt, dass sie ein ganz ungewöhnliches Kind bekommen würde, nämlich das kleine Christuskind, unseren Herrn Jesus. Du hast sicher Bilder davon gesehen. 2000 Jahre lang haben die besten Maler dieses Bild immer wieder gemalt. Ich finde diese Bilder in jeder Kirche und in jedem Museum, weil ich sie so gern anschaue. Als ich ein Kind war, hatte mein Vater ein oder zwei Bücher mit Bildern von der „Verkündigung", so nennt man diese Geschichte.

Der Engel Gabriel sieht immer so aus wie ein starker, gesunder und hübscher junger Mensch. Er trägt prächtige oder einfache, aber immer sehr schöne Gewänder. Vor allem hat er wunderbare, gewaltige Flügel. Meist sind es große Vogelflügel, an denen man die Schwungfedern und die seidigen Flaumfedern gut erkennen kann. Oft sind sie sogar farbig gestaltet. Manchmal ist es auch eher eine Art Schmetterlingsflügel mit Punkten und Mustern und einem goldenen Glanz. Lass dir von deinen Eltern solche Bilder zeigen. Du magst sie sicher auch. Meist schauen die Engel ernst, aber freundlich.

Wenn ich meine Schulkinder frage, warum die Maler wohl Engel mit Flügeln malen, dann kommen sie auf viele Ideen. Du kannst auch mal überlegen.

„Sie kommen vom Himmel!" (Sie meinen natürlich: aus der anderen Welt.) „Sie können ganz schnell von einem Ort zum anderen, so wie Vögel fliegen!“ (Ja, aber noch viel schneller! So schnell, wie du dir etwas wünschen kannst!) „So kann man sie auf dem Bild von den Menschen unterscheiden!“ (Ja, das ist richtig! Moderne Maler versuchen manchmal, mit der Art der Farben dieses Geistige der Engel darzustellen!) „Der Maler möchte sie besonders schön malen, weil sie von Gott kommen!“ Es gibt sicher noch mehr Gründe.

Alle meine Schulkinder malen und zeichnen gerne Engel. Du kannst hier auch ein Engelbild malen.

Kennst du die Geschichte aus der Bibel, aus dem Alten Testament, als Jakob im Schlaf die Engelsleiter sieht? Er war von zu Hause geflohen, weil er seinem Bruder Esau etwas ganz Gemeines angetan hatte. Nun hatte er ein schlechtes Gewissen und meinte, sein Bruder würde sich an ihm rächen. Er floh ganz allein durch eine weite Wüste und wollte zu seinem Onkel, dem Bruder seiner Mutter. Dann kam die Nacht. Es war dunkel und über ihm funkelten all die Sterne. Er was ganz allein unter diesem riesigen Himmel. Sicher hatte er Angst, und sein schlechtes Gewissen bedrückte sein Herz. Endlich musste er sich doch hinlegen, um sich auszuruhen. Einen rundlichen Stein nahm er als Kopfkissen. Er staunte weiter den Himmel an. Aber irgendwann musste er eingeschlafen sein.

Und dann sah er etwas: Eine Leiter stand zwischen ihm und dem Himmel. Auf dieser Leiter stiegen Engel auf und ab, auf und ab. Und dann sprach Gott zu ihm.

Man kann sich viele Gedanken darüber machen, was dieser Traum wohl zu bedeuten hatte. Ich denke, dass Jakob gesehen hat, wie die Engel für Gott arbeiten. Sie steigen auf und ab. Sie bringen Kräfte von Gott zur Erde, und von der Erde zum Universum: Kräfte, Energien. Sie tun das, auch wenn jemand etwas Böses getan hat. Es ist völlig unabhängig davon. Sie sind einfach da. Sie lassen sich durch Sachen, die die Menschen falsch machen, nicht ablenken. Jedenfalls war Jakob, als er am Morgen aufwachte, getröstet. Er hatte wieder frischen Mut, und er hatte auch wieder den Mut, zu Gott zu beten. Vielleicht konnte er ihn jetzt um Verzeihung bitten, was er sich vorher wegen seines schlechten Gewissens gar nicht getraut hatte.

Er stellte den Stein auf, auf dem er gelegen hatte. Er dachte, dass dies ein besonderer Ort ist. Und er nahm sich vor, später dort ein Gotteshaus bauen zu lassen.

Meine Schulkinder haben diese Himmelsleiter immer sehr gerne gemalt. Ich habe dir eben wieder Platz freigelassen, damit du sie auch malen kannst. Lass dir von Mama oder Papa noch einmal die Geschichte aus deiner Kinderbibel vorlesen. Oder lies sie selber. Wenn die Engel auf dem Bild eine Leiter haben, brauchen sie eigentlich nicht so dringend Flügel. Aber meine Schulkinder haben die Engel doch alle mit Flügeln gemalt, weil sie sie so schön finden.

Wusstest du, dass auch in anderen Religionen von Engeln erzählt wird? Und überall werden sie immer wieder mit Flügeln gemalt. Die meisten Menschen, die Engel malen, haben ja noch nie Engel gesehen. Sie stellen sie sich einfach so vor, wie sie sie malen. Und doch sehen Menschen manchmal Engel. Man sagt: „Der Engel erscheint!“ Er macht irgendetwas, damit der Mensch ihn sehen kann.

Bei Jakob war es ein Traum. Das ist ja einfach. Du kannst im Traum auch alles sehen, was in deinem Inneren vorgeht. Aber es gibt auch Menschen, die Engel wirklich sehen.

Als ich ein bisschen älter war als du, habe ich mir immer gewünscht, ein Engel würde mir erscheinen und mir die Welt erklären. Ich stellte ihn mir vor. Ich sah ihn in der Fensterscheibe des Schulbusses. Aber mir war schon klar, dass es nur meine Fantasie war. Ich hatte auch kein klares Bild. Und der Engel ist auch nicht zu mir gekommen, um mir zu erklären, was in der Welt so abläuft. Ich habe aber immer Menschen gefunden, die mir etwas erklärt haben, oder Bücher, in denen ich etwas Interessantes lesen konnte. Und ich habe auch Freunde und Freundinnen gefunden, mit denen ich über alles reden konnte. Das wünsche ich dir auch! Sicher ist das auch wichtiger als Engel, die einem etwas beibringen. Es ist ja doch so, dass man alles selbst erfahren muss.

Ich fand es später auch nicht mehr so wichtig, einen Engel zu sehen. Trotzdem habe ich immer geglaubt, dass es Engel gibt. Weil ich keinen sehen kann, schaue ich eben hin und wieder die schönen Bilder der Maler an.

Viele Jahre lang haben die Menschen gar nicht an Engel geglaubt. Jetzt auf einmal gibt es viele Bücher über Engel. Ich habe mir auch mehrere gekauft und einiges gelernt, was ich sehr mag.

Als Kind hatte mir meine Mutter beigebracht, dass wir einen Schutzengel haben, der auf uns aufpasst. Kennst du das Märchen von „Schneeweißchen und Rosenrot“? Da übernachten die beiden doch einmal im Wald. Und weil es schon dunkel ist, merken sie nicht, dass sie sich dicht an einem steilen Abhang schlafen gelegt haben. Aber ein Engel erscheint und bewacht sie die ganze Nacht und geht erst weg, als sie die gefährliche Stelle verlassen haben. So dachte ich mir auch meinen Engel. Ich merke nichts von ihm, aber trotzdem ist er da und behütet mich. Ja, ich glaube das auch heute noch.

Damals, als ich klein war, war der Zweite Weltkrieg. Mein Vater war als Soldat in Russland. Abends betete meine Mutter mit mir und meiner Schwester, dass der liebe Gott unseren Papa beschützen möge, damit ihm nichts passierte. Dann stellte ich mir auch vor, dass der liebe Gott ganz viele Engel zu ihm schickte, die auf ihn aufpassten.

Als ich meine Schulkinder fragte, ob sie an Engel glauben, waren fast alle der Meinung, dass sie einen Schutzengel haben. Franziska konnte das sogar beweisen. Sie hatte vor kurzem einen Unfall auf der Straße vor ihrem Haus. Sie war von einem Auto angefahren worden. Es war ihr aber nichts Schlimmes passiert. Sie hatte sich nur etwas verletzt, und sie hatte natürlich einen großen Schrecken bekommen. Der Schrecken war eigentlich furchtbarer als die Verletzung. Sie hätte tot sein können! Und das wollte sie ja nicht! In ihrem Schrecken hatte sie aber ganz deutlich das Gefühl, dass jemand sie festhielt. Dass das ihr Schutzengel war, das ist ja wohl logisch. Das weiß Franziska jedenfalls ganz genau.

So stellen wir uns unseren Schutzengel vor. Und ich bin sicher, dass es so ähnlich ist. Ich habe es in Büchern gelesen von Menschen, die meinen, es zu wissen. Und mein Gefühl sagt mir: „Ja, so ist es! Ich habe meinen Schutzengel!“ Du kannst es auch an deinem Gefühl überprüfen, ob du es spürst: „Ja, so ist es! Ich habe einen Schutzengel!“

So oft bin ich unvorsichtig, oder jemand anders ist unvorsichtig. Ich übersehe eine rote Ampel. Oder ein Autofahrer nimmt mir die Vorfahrt, wenn ich Rad fahre. Ich fiel mit dem Rad hin, weil mein Rock in die Pedale kam. Oder mir kam auf dem Schnellweg ein Falschfahrer entgegen. Wie oft könnte etwas Schreckliches passieren! Aber es passiert nicht! Das könnte doch mein Schutzengel sein!

Nun denkst du vielleicht: „Und warum passt er nicht immer auf? Es gibt doch so viele Unfälle und schreckliche Sachen!“

Denk mal an das, was ich dir über deinen Anfang hier auf der Erde erzählt habe. Als Geistwesen hast du dir bestimmte Erlebnisse gewünscht, an denen du etwas lernen wolltest. Du wolltest ganz bestimmte Erfahrungen machen. Dann darf doch dein Schutzengel diese Erfahrungen nicht verhindern! Er muss dich immer so behüten, wie es für deine Entwicklung gut ist.

Vielleicht war er sogar dabei, als du dir deinen Lebens- und Lernplan vorgenommen hast. Vielleicht habt ihr sogar zusammengesessen und diesen Plan besprochen. (Ich fantasiere das nur mal so. In der anderen Welt ist das natürlich anders.)

Ich stelle mir das mal so vor:

Du: Ich muss unbedingt lernen, tapfer zu sein und nicht immer über alles zu jammern!

Engel: Ja, aber wenn du das möchtest, dann muss es ja auch Gelegenheiten geben, wo du dir weh tust, wo du einen Unfall hast oder wo jemand richtig gemein zu dir ist!

Du: Ja, so etwas muss ich erleben, sonst lerne ich ja nicht, tapfer zu sein!

Engel: Aber ich muss dich doch beschützen!

Du: Nein, du musst einfach mal stehen bleiben und nichts machen!

Engel: Das wird mir aber sehr schwer fallen!

Du: Du musst es aber tun. Ich bitte dich darum, denn ich möchte tapfer werden!

Engel: Wenn du dann weinst, werde ich wenigstens schnell deiner Mutter das Gefühl geben, dass sie nach dir gucken muss!

Du: Ja, das ist schön. Sie wird mich bestimmt trösten. – Aber – dann bin ich ja wieder nicht tapfer! Nein, du darfst sie nicht immer rufen. Ich will es einfach lernen, tapfer zu sein. Bitte, lass mich auch mal allein liegen! Ich werde es bestimmt schaffen!

Engel: Es ist gut, was du willst! Ich will auch, dass du das lernst! Ich werde manchmal nur da sein und dir nicht helfen!

Du: Aber du wirst immer da sein? Auch wenn ich dich nicht bemerke?

Engel: Auch dann.

Du: Da bin ich froh!

Engel: Vielleicht wirst du dann denken: Es gibt keinen Schutzengel! Ich bin allein!

Du: Nein. Ich kenne dich doch. Ich weiß, dass du da bist!

Engel: Denk daran, du wirst dich an unser Gespräch nicht mehr erinnern, wenn du deinen irdischen Körper hast!

Du: Das ist ganz schön schwer!
Engel: Ja, das ist schwer!
Du: Kannst du mir nicht ein Zeichen geben, dass ich mich wieder an dich erinnere?
Engel: Es gibt eine Menge Zeichen, aber du wirst sie vielleicht nicht verstehen! Ich werde traurig sein, wenn du nicht an mich glaubst.
(Ich weiß nicht, ob Engel traurig sind. Das war jetzt so eine Idee von mir!)
Du: Wirst du mich mein ganzes Leben lang begleiten?
Engel: Ja, dein ganzes Leben lang!
Du: Auch wenn es mir ganz schlecht geht, wenn ich verzweifelt bin, wenn ich vielleicht etwas Böses tue?
Engel: Ich werde da sein!
Du: Und wenn ich sterbe?
Engel: Ich werde da sein!
Du: Und dann kann ich dich wieder sehen. Dann werden wir alles besprechen!
Engel: Ja, dann wird es wieder einfacher für uns. Du möchtest ja diese Erfahrungen machen. Und das ist gut!

An dieser Stelle ist mir beim Durchlesen aufgefallen, dass ich mich noch nicht getraut habe, zu den Kindern zu sprechen, die eine wirklich große Schwierigkeit in diesem Leben haben. Ich möchte euch dafür um Entschuldigung bitten. Ja, ich habe es mich wirklich noch nicht getraut! Dabei bewundere ich euch dafür, dass ihr euch eine so schwere Aufgabe ausgesucht habt.

Ich weiß, dass es Menschen gibt, die sich wirklich für dieses Leben etwas vorgenommen haben, das für andere so schwierig erscheint, als könnte man das gar nicht schaffen. Dagegen fühlen sich meine Probleme ganz klein an.

Ich denke an den Jungen in der Klasse meiner Freundin, der einen Tumor im Kopf bekam und nach einer Operation nicht mehr laufen konnte. Er konnte sich auch nicht mehr melden und nicht mehr richtig reden. Seine Mutter hat ihn auf einem Kett-Car zur Schule gezogen und ist dann mit in die Klasse gekommen und hat sich für ihn gemeldet. Seine Leiden wurden aber immer noch schlimmer. Und mit ihm litt natürlich seine ganze Familie. Da kann man irgendwann gar nicht mehr sagen, wer da am tapfersten war.

Eine Zeit lang war ich auch Lehrerin in einem Krankenhaus mit vielen Kindern, die sich nie in ihrem Leben richtig bewegen konnten. Manche konnten auch nicht essen oder sprechen. Trotzdem waren einige immer fröhlich. Vielleicht hatten sie irgendwo, ohne dass wir das bemerken konnten, so eine ganz kleine Erinnerung daran, dass sie durch dieses Leben etwas Riesiges lernen wollten. Andere waren dagegen oft wütend auf sich und die anderen. Sie merkten, dass sie vieles nicht konnten, was für andere normal war. Sie hassten sich dafür, dass sie so waren. Und sie hassten auch die anderen, weil sie in ihren Augen gar keine Probleme hatten. Und bei vielen von ihnen war es mal so und mal so. Wenn man ein wenig Mitgefühl hat, versteht man das.

Ein Kind habe ich damals betreut, das immer wieder glaubte, es sei eine Biene. Janine fühlte sich total allein, weil niemand ihre Gefühle glaubte oder gar verstand. Als ich anfing, ihr erst einmal abzunehmen, dass sie tatsächlich so ein sonderbares Wesen wie eine Biene war, wurde sie mir gegenüber ganz fröhlich und hat dann sehr viel lernen können, was man ihr vorher gar nicht zugetraut hatte. Sie lernte lesen, schreiben und rechnen. Aber sie war immer wieder eine Biene. Einmal hat sie zwischendurch mit einem anderen Kind Engel gespielt. Engel haben ja auch Flügel. Ich habe mich oft gefragt, was für eine seltsame Sache dieses Kind, dieser Mensch wohl in seinem Leben lernen wollte.

Eins habe ich verstanden, als ich mich mit diesen Kindern beschäftigte: Diese Menschen haben sich für ihr jetziges Leben ganz gewaltige Aufgaben vorgenommen. Dafür muss ich sie bewundern. Eine von den Aufgaben ist, dass sie andere Menschen dazu bringen, ihnen zu helfen. Und das ist etwas, was wir alle lernen müssen. Mitgefühl mit anderen zu haben, das ist die wichtigste Lernaufgabe auf dieser Erde.

Manche Leute sagen: „Wie kann es Gott nur zulassen, dass Menschen so leiden müssen!“ Du weißt es jetzt schon besser.

Vor ein paar Tagen sah ich im Fernsehen eine Sendung über ein Kinderkrankenhaus. Darin wurde das Leben eines Kindes gezeigt, das Mukoviszidose hat. Das ist eine sehr schwere Krankheit, bei der sich im Körper immer wieder ganz viel Schleim sammelt, besonders in den Atemwegen. Dieses Mädchen arbeitete nur darauf zu, Weihnachten für ein paar Tage nach Hause zu kommen. Immer wieder musste es an ein Atemgerät angeschlossen werden. Trotz allem strahlte es eine innere Fröhlichkeit aus.

Das Kind sagte: „Ich rede immer mit Gott. Ich bitte ihn, dass er mir bei meinen Schwierigkeiten hilft. Er hat meine Krankheit nicht gemacht. Damit hat Gott nichts zu tun. Es ist mein Schicksal. Aber er hilft mir, weil er mir zuhört!“ Ich glaube, dass dieses Kind sehr viel verstanden hat. Ich finde es sehr, sehr tapfer. Und ich bewundere seinen Mut, seine Ausdauer und seine Fröhlichkeit.

Vielleicht wäre es für alle ein Trost, sich vorzustellen, dass wirklich jeder Mensch einen Schutzengel hat, der immer dabei ist und dort helfend eingreift, wo es möglich ist. Der Segen des Schutzengels ist auch dabei, wenn etwas nicht gut ausgeht oder wenn etwas so schwierig ist, dass es von außen aussieht wie ein riesiges Unglück.

Vor kurzem hat mir jemand erzählt, dass der Schutzengel ganz traurig aussieht, wenn ein Mensch nicht daran glaubt, dass er einen Schutzengel hat und ihn deswegen auch nicht in sein Leben einbeziehen kann, bei guten und bei schlimmen Erlebnissen. Was meinst du dazu?

Möchtest du ein kleines Bild malen, wie du als Geistwesen mit deinem Schutzengel sprichst? Du kannst auch Sprechblasen machen und etwas davon aufschreiben. Vielleicht möchtest du auch so ein Gespräch mit deinem Engel schreiben. Sicher fallen dir dabei viele Dinge ein, die ihr vielleicht miteinander besprochen habt. Jeder Mensch sucht sich ja ein Schicksal aus, an dem er lernen möchte. Wenn man auch vieles vergessen hat, als man auf diese Erde kam, so hat man doch noch ein paar Erinnerungen. Es fällt einem schon was ein, wenn man ganz still wird. Hör nur beim Malen oder Schreiben tief in dich hinein.

Ich verrate dir ein Geheimnis: Man kann mit seinem Schutzengel sprechen! Oh halt, für dich ist es vielleicht gar kein Geheimnis. Du tust es vielleicht schon lange. Mir ist erst spät der Gedanke daran gekommen. Oder vielleicht hatte ich es als Erwachsene vergessen. Wenn du ganz still bist, kannst du ihn vielleicht aufspüren.

Mir ging es so: Ich hatte gelesen, dass man sich nur auf den Schutzengel einstellen muss, und schon bemerkt man ihn. So wie du mit der Fernbedienung klickst, wenn du einen bestimmten Sender möchtest. Wenn du denselben Sender oft siehst, dann weißt du schon, wie du drücken musst, damit er kommt. Dann geht es nur noch „Klick“, und du hast den Sender. Ebenso ist es mit dem Computer. Wenn du weißt, wie es geht, bist du ganz schnell da, wo du sein möchtest.

Und dann las ich noch, dass der Schutzengel einem sagt, was man am besten tun sollte. Also, wenn du eine Frage über dein Leben hast, frag deinen Schutzengel. So: „Soll ich jetzt ohne Anja zum Schwimmen gehen, weil die keine Lust hat? Oder soll ich lieber mit Anja auf dem Einrad üben. Dazu hat sie nämlich Lust.“ Das erste, was dir durch den Kopf geht, ist die Antwort des Engels.

Ich probierte es aus. Nachdem ich morgens meine Stilleübung gemacht hatte, als ich mich ruhig fühlte, dachte ich ganz stark an meinen Schutzengel. Ich war etwas unsicher, ob ich mit ihm verbunden war oder es mir nur einbildete. Jedenfalls bat ich ihn, mir heute immer zu sagen, was ich tun soll. Ich wollte es ja ausprobieren!

Gleich nach dem Aufstehen fing ich an. Ich wollte wissen, ob ich heute Brot oder Müsli essen sollte. Sofort kam die Antwort: „Müsli!“

„Soll ich heute den roten oder den blauen Pulli anziehen?“ „Den roten!“ „Muss ich meine Regenjacke mitnehmen?“ „Ja!“ Und dann ging das immer so weiter. Es kam mir ein bisschen wie Zauberei vor. Ich war sogar erschrocken. Ich hatte nicht gedacht, dass das so klappt.

Nach einiger Zeit habe ich die Fragerei wieder gelassen, weil ich es albern fand. Ich entscheide selbst, deswegen bin ich ja hier auf der Erde. Vielleicht bin ich es sowieso selbst, der diesen Gedanken durch mein Gehirn flitzen lässt. Vielleicht ist es auch mein Geistwesen. Oder wenn ich richtig verbunden bin, ist es Gott selber, der mir diese Antwort schickt. Ich muss das auch gar nicht wissen. Ich muss nur sehen, dass ich mit dem Göttlichen, mit meinem Kern, meiner Mitte gut übereinstimme. Dann kommt es gar nicht darauf an, ob ich nun meinen Schutzengel, mein höheres Selbst oder Gott selber in mir höre. Das ist vielleicht so wie in der Geschichte von Jakob, als Gott mit ihm sprach, während die Engel auf und ab stiegen. (Diese Fragen mit Müsli und Pullis sind sowieso albern!)

Jetzt habe ich mich so eingestimmt, dass ich weiß: Da ist mein Schutzengel. Er ist bei mir. Auch Gott ist bei und in mir. Und mein Geistwesen ist in mir, aber auch um mich herum. Ich, meine Person, Cornelia, hier auf dieser Erde, ich versuche zu tun, was richtig ist. Dabei mache ich Fehler, und das kann ich sogar merken, gleich oder ein bisschen später.

Als ich mehr und mehr so dachte und fühlte, wurde ich im Inneren immer ruhiger und freudiger. Da passierte mir eines Tages etwas völlig Ungewöhnliches. Es ist noch gar nicht so lange her. Ich weiß noch nicht einmal genau, wo und wann es passierte: Ich sah den einen Fuß meines Schutzengels. Mehr nicht, nur den einen Fuß! Ich bin mir ganz sicher. Das erzähle ich dir. Die meisten Erwachsenen würden mich glatt für verrückt erklären. Und solange ich noch meine Schulkinder unterrichte, kann ich mir das gar nicht erlauben. Du sagst es nicht weiter, ja?

Vielleicht wirst du auch mal so etwas erleben. Vielleicht hast du auch schon so etwas erfahren. Ich sah seinen Fuß ganz deutlich neben mir, und ich fühlte, dass mein Engel groß und stark war. Er hüllte mich ein. Es unterschied sich ganz deutlich von Vorstellungen und Fantasien, die ich sonst habe. Nein, der Fuß meines Engels war einen Augenblick lang für mich sichtbar. Ich war überwältigt. Es macht mich ganz froh, wenn ich daran denke.

Ich überlege mir jetzt noch, ob ich das in mein Buch schreiben soll, weil dann vielleicht einige über mich lachen werden. Aber ich denke auch, dass ich dir das schuldig bin. Du musst doch von meinem Erlebnis wissen, wenn ich dir hier über Engel erzähle. Also bitte, sag es erst einmal nicht weiter.

Manchmal ist es schwer, immer mit etwas umzugehen, das wir mit unseren Augen nicht sehen können. Deswegen gibt es so viele Bilder. So wollen wir manchmal auch einen Engel richtig vor uns sehen. Wir haben eine so große Sehnsucht nach Engeln. Vielleicht gibt es deswegen zur Zeit so viele Engelfiguren zu kaufen, aus Holz, aus Ton, aus Porzellan und neuerdings auch aus Pappmaschee. Einige sehen witzig aus oder lustig wie Kinder, die manchmal ein bisschen frech sind oder unordentlich.

Als meine Kinder klein waren, hatte ich noch keine Engelfigürchen in der Wohnung herumstehen. Aber ich hatte Georg und Anna erzählt, dass sie einen Schutzengel haben.

Als Anna gerade so groß war, dass sie mit einer Laubsäge umgehen konnte, vielleicht im ersten Schuljahr, sie war sehr geschickt, da hat sie viel im Keller herumgesägt. Und eines Tages hat sie uns einen Schutzengel ausgesägt. Ich glaube, sie wollte einen sichtbaren Engel in der Küche haben.

Er sitzt auf einer blauen Wolke und ist ganz weiß. Alles ist sehr einfach, denn Anna war ja noch richtig klein. Haare hat er nicht. Haben Engel Haare? Aber er hat gewaltige Flügel und ein breites Lächeln. Seine Arme und Hände sind mit Bleistift aufgemalt wie das Gesicht. Sie sehen so aus, als wären sie bereit, schnell zuzupacken, wenn es nötig ist.

Eigentlich war er zum Aufhängen, aber das Aufhängeloch war nicht so richtig geglückt. Deswegen lag er immer irgendwo in der Küche. Als Anna dann etwas älter wurde und der kindliche Engel nicht mehr so ganz ihren Vorstellungen entsprach, landete er unter dem mittleren Sitzkissen unserer Eckbank, da, wo nie jemand sitzt. Er liegt immer noch dort und bewacht unser Haus und unsere Familie. Manchmal, wenn Anna zu Besuch kommt, schaut sie nach, ob er noch da ist.

Später habe ich von einem Kind eines vierten Schuljahres einen ausgesägten Engel gekauft. Die Klasse bot ihre Engel auf einem Basar an, zu dem jede Klasse etwas hergestellt hatte. Wir haben das Geld den Kindern einer armen Schule in Tansania geschickt, die sich einen Fußball und Schultische wünschten. Fast alle Kinder dieser vierten Klasse hatten mit ihren Müttern besprochen, dass die ihren Engel kaufen würden. Nur ganz wenige waren noch zu haben. Von diesen suchte ich mir den schönsten aus und ließ ihn mir zurückstellen. Aber eine halbe Stunde, nachdem der Basar eröffnet worden war, kam das Kind, dem der Engel gehörte, schon zu mir und sagte mir mit strahlenden Augen, dass seine Mutter nun doch seinen Engel kaufen würde.

Nun waren nur noch drei Engel übrig. Ich suchte mir wieder einen aus. Aber es passierte noch einmal dasselbe.

Und dann war nur noch einer da. Ich fand eigentlich, dass er für ein viertes Schuljahr etwas sehr einfach aussah. Er hatte keine Nase und einen komischen goldenen dreieckigen Hut auf dem Kopf. Der Flügel war seitlich zu sehen und sah aus wie ein spitzer Berg. Das Licht, das er trug, hatte die gleichen silbernen Streifen wie der Ärmel, wohl weil das schneller ging. Einige Sterne auf dem Kleid waren nur aufgeklebt.

„Kaufen Sie ihn?“, fragte das Kind. Seine Augen waren voller Hoffnung und strahlten mich bittend an. „Ja, ich würde schon!“, antwortete ich. „Er schwebt so schön!“ Die Schnur zum Aufhängen war nämlich am Flügel befestigt. „Wenn Sie wollen, können Sie ihn haben.“ „Aber nachher kommen deine Eltern und wollen ihn kaufen!“ „Ach die, die interessieren sich nicht für meinen Engel. Die finden ihn nicht schön!“

„Dann habe ich ja Glück gehabt!“ Der Engel gefiel mir wirklich von Minute zu Minute besser. „Sie können ihn auch gleich mitnehmen!“ Strahlend legte der Junge das verdiente Geld in die Kasse.

Seitdem schwebt der Engel in unserer Küche, direkt hinter meinem Sitzplatz. So ist unsere Küche nun schon seit vielen Jahren von zwei ausgesägten Schutzengeln bewacht. Und ich glaube, dass sie die ganze Zeit sichtbare Zeichen für einige wirkliche Engel sind, die in unserer Küche manchmal schauen, ob weiterhin alles in Ordnung ist.

Indianer glauben nicht an Engel, sondern an Totemtiere. Ich las ein Buch von einem amerikanischen Arzt, der erzählte, wie man sich einen solchen Tierhelfer rufen kann. Es ist ganz einfach: Man betet und bittet Gott, dass einem das passende Schutztier erscheint.

Ich habe das auch ausprobiert. Sofort erschien vor meinem inneren Auge eine Amsel. Sie schaute mich ganz keck mit einem Auge an. Du weißt ja, dass die Vögel ihren Kopf drehen müssen, wenn sie etwas anschauen. Genau das tat sie und schaute mich an. Es gefiel mir, dass eine Amsel zu mir gekommen war. Ich liebe den Gesang der Vögel. Den Amseln, die auf dem Nachbarhaus und in den Bäumen am Bach in der Nähe singen, bin ich oft richtig dankbar. Ihr Gesang ist wunderschön, besonders am Abend, bevor es dunkel wird und bevor es regnet, und natürlich am frühen Morgen. Manchmal steige ich im Sommer ganz früh aus meinem Bett und mache das Fenster weit auf, um das Vogelkonzert zu hören. Dann lege ich mich wieder hin und schlafe dabei wieder ein.

Als nun dieses Amsel-Totemtier zu mir kam, fand ich das ganz in Ordnung. Ich habe die Amsel manchmal in meinem Inneren gerufen, dann kam sie sofort. Sie erklärte mir etwas, und sie zeigte mir ein paar Dinge, die ich vielleicht sonst nicht verstanden hätte. Oft, wenn ich jetzt eine Amsel sehe, sage ich ihr im Inneren: „Guten Tag, mein liebes Totemtier!“

Aber es ist jetzt mehr wie ein Spiel. Ich nehme es nicht so ernst.

Eine Zeit lang hatte ich eine Schleiereule in meiner Vorstellung. Ich machte öfter eine Stilleübung, bei der ich mir meine Lieblingswiese vorstellte. Einige von euch kennen diese Übung vom autogenen Training. Es war eine Wiese in der Nähe von Waake, wo ich als Kind gewohnt hatte. Wir holten dort im Matschenbruch Himbeeren, später Brombeeren. Mitten zwischen zwei Bergen liegt da eine wunderschöne Wiese. Im Spätsommer suchten wir dort auch Champignons. Ich liebe diese Wiese noch heute und besuche sie alle paar Jahre einmal. Klar, sonst wäre es ja nicht meine Lieblingswiese.

Also diese Wiese stellte ich mir in meiner Übung immer vor, und dann kam eines Tages die Schleiereule auf mich zugeflogen. Sie war sehr unruhig und musste dauernd hin- und herfliegen. Das ging viele Monate. Mir wurde klar, dass ich da meine eigene innere Unruhe sah. Irgendwann wurde dann meine Schleiereule ruhiger und ich mit ihr. Eines Tages schickte sie mich weg und sagte dabei: „Ich habe dir alles gezeigt!" Das ist ein sehr geheimnisvolles Wort. Aber ich weiß, was sie meinte. Sie hatte mir zuletzt die ganze Gegend von oben gezeigt. Das war eine wunderbare Erfahrung. Ich verabschiedete mich von meiner Schleiereule. Und nun ist das ganze nur noch eine sehr schöne Erinnerung.

Ich schickte auch meine kleine Amsel wieder fort. Ich dachte: „Es war interessant!" Es ist wunderschön, dass die Indianer ein Totemtier haben. Aber ich bin ja keine Indianerin. Ich habe mir ja Deutschland für meine Erfahrungen auf dieser Erde ausgesucht! Ich habe meinen Schutzengel! Wenn ich es mir richtig überlege, dann war es wohl kurz danach, dass ich den Fuß meines Schutzengels wahrnahm.

Sicher können die geistigen Schutzwesen, die uns durch unser Leben begleiten, die Form annehmen, die gut zu uns passt. So haben wir hier in Europa die Engel, und dort in Amerika im Indianerland haben die Menschen ihre Totemtiere.

In manchen Stilleübungen oder Fantasiereisen könnt ihr hören, dass ihr euch ein kleines Schutzwesen rufen sollt. Na klar, das funktioniert. Unser Geist kann so vieles tun! Wer aber schon von seinem Schutzengel weiß, der kann sich bei dem sicher fühlen. Vielleicht sprechen die Erfinder von den verschiedenen Traumreisen von diesen kleinen Begleitern, weil so viele Menschen in Deutschland gar nichts mehr von ihrem Schutzengel wissen. Und doch haben sie die Sehsucht nach einem geistigen Begleiter.

Du kannst es, wenn du willst, ausprobieren, dir einen Begleiter zu rufen. Dein Schutzengel ist nicht eifersüchtig. Engel sind nicht eifersüchtig. Sie freuen sich über alle guten Erfahrungen, die wir machen. Dein Schutzengel wird immer bei dir sein.

Du kannst hier dein Lieblingstier malen oder ein Bild von ihm einkleben.

Guten Morgen

Hast du gut geschlafen? Von deinem Schutzengel bewacht? Kennst du das Lied „Guten Abend, gute Nacht, von Englein bewacht...“? Es kommt auch in der Kinderoper „Hänsel und Gretel“ vor.

Einmal habe ich mir mit meinen Kindern diese Oper angeschaut. Ob du wohl Lust hättest, mit Mama und Papa ein solches Erlebnis zu haben? An einer Stelle kommen 14 Schutzengel auf die Bühne, um die Kinder zu bewachen. Sie sahen wunderschön aus, zauberisch.

Eigentlich stelle ich mir so Elfen oder Feen vor. Das sind auch Wesen, die meist für uns unsichtbar sind, wie die Engel. Sie leben aber in der Natur und haben etwas mit den Kräften der Natur zu tun.

Hast du vielleicht den Film „Der Herr der Ringe“ gesehen? Da kommen ja Elfen vor, die sich fast wie Menschen benehmen. Du kennst bestimmt auch einige Märchen, in denen Elfen oder Feen vorkommen. Oder du kennst die Fee Amarillis aus dem „Räuber Hotzenplotz“. Alles ist sehr geheimnisvoll und zauberhaft, was mit Elfen oder Feen zusammenhängt.

In früheren Zeiten haben die Menschen geglaubt, die ganze Natur sei bevölkert von unsichtbaren Wesen. Da gab es die Sylphen, die im Wind, in der Luft arbeiteten. Im Wasser lebten Wassermänner und Nixen. Du kennst sicher den „Kleinen Wassermann“ von Otfried Preußler. Wenn nicht, lass dir das Buch unbedingt vorlesen oder lies es selbst! Oder du kennst das Märchen von der kleinen Seejungfrau von Andersen, die sich in einen Menschenprinzen verliebt hat und unbedingt ihren Fischschwanz in zwei Menschenbeine tauschen wollte. Die Menschen glaubten auch an Wesen, die in einer Quelle oder in einem Wasserfall leben. Das sind die Nymphen. Manchmal hört man auch von Wesen, die etwas mit Feuer zu tun haben.

In vielen Märchen kommen die Zwerge vor. Du kennst ja bestimmt „Schneewittchen“ oder „Die drei Männlein im Walde“. Zwerge haben etwas mit der Erde zu tun. Sie kennen sich mit Bodenschätzen aus, besonders mit Gold, aber auch mit anderen Metallen und mit Edelsteinen.

Und dann glaubten die Menschen früher auch noch an viele verschiedene Elfen, die ihre Arbeit bei den Pflanzen haben, große Baumgeister, die uralt sein können, wie ja auch die Bäume, oder kleine Wesen, die bestimmten Pflanzen bei ihrem Wachstum helfen oder in ihnen wohnen.

In Norwegen glaubte man an Trolle, vielleicht sogar heute noch. Kennst du das Bilderbuch von Astrid Lindgren „Tomte Tummetott“? In jeder Gegend der Erde haben sich die Menschen diese Naturgeister ein bisschen anders vorgestellt. Deswegen kannst du unterschiedliche Beschreibungen von ihnen hören. Weil die Menschen so unterschiedlich sind, haben sie auch so unterschiedliche Vorstellungen. Vielleicht sehen diese Wesen, wenn sie sich den Menschen zeigen, ja auch wirklich in den verschiedenen Gegenden der Erde ganz unterschiedlich aus. Man sagt, dass sie sich den Menschen so zeigen können, wie die Menschen sie gern sehen wollen. Sie verkleiden sich sozusagen extra für die Menschen. Das soll ihnen angeblich einen Riesenspaß machen. Naja, ich weiß nicht!

Für die meisten Menschen sind sie unsichtbar. Deswegen glauben heutzutage auch nicht mehr viele Menschen an Naturgeister, so wie die Menschen überhaupt vor ein paar hundert Jahren angefangen haben, immer weniger an eine unsichtbare oder an eine geistige Welt zu glauben.

In Island ist der Glaube an diese Naturwesen noch sehr lebendig, obwohl Island ein hochmodernes Land ist. Aber diese Insel in Eis und Schnee ist den Naturgewalten sehr ausgesetzt. Vielleicht liegt es daran, dass die Menschen dort noch offener sind für ihre feinstofflichen Erdengeschwister. „Feinstofflich", so nennt man Dinge der Schöpfung, die von den Menschen meist nicht gesehen werden. Manchmal werden sie doch sichtbar. Viele Menschen können aber etwas spüren. Jedenfalls gibt es in Island heutzutage ein Büro, das sich darum kümmert, dass keine Straße durch ein Gebiet gebaut wird, in dem Elfen oder Zwerge wohnen. Man hat eine besondere Landkarte, auf der alle diese Gebiete eingezeichnet sind. Es muss also in Island Menschen geben, die Elfen und Zwerge wahrnehmen können.

Das Interessante ist eben, wie ich schon sagte, dass diese Wesen eigentlich unsichtbar sind, sich aber hin und wieder von jemandem sehen lassen. So kommt es ja auch in den Märchen und Geschichten vor.

Der kleine Enkelsohn meiner Freundin Elisabeth sieht manchmal so kleine Wesen zwischen den Blumen. Er ist erst zwei Jahre alt, aber er kann schon sehr gut sprechen. „Oma, da ist wieder so ein kleiner Mann zwischen den Blumen!" „Wie sieht er denn aus?" fragt Elisabeth. „Oh, jetzt ist er weg!", ruft er.

Viele Menschen würden einem kleinen Kind antworten: „Das bildest du dir ein!" Oder: „Das war vielleicht ein kleines Tier!" Oder ganz gemein: „Lass den Quatsch!" Manche Erwachsenen fühlen sich gestört, wenn Kinder etwas sagen, was sie selbst nicht nachempfinden können. Aber Elisabeth weiß, dass es Dinge gibt, die man nur selten sieht oder die nur manche Menschen sehen.

Sie selbst hatte als Kind einmal Besuch von einer weißen Dame. Es war eine große Lichtgestalt. Sie stand ganz lange in ihrem Zimmer vor ihrem Bett. Sie hat es mir erzählt, als wir noch Kinder waren, als wir uns gerade so gut kannten, dass sie wissen konnte, ich würde nicht darüber lachen und ihr sogar glauben. Ihre Eltern wurden nämlich böse, wenn sie davon sprach. Sie wollten nicht, dass ihre Tochter komische Dinge sieht.

Elisabeth hatte dann etwas Angst, die weiße Dame könnte wieder kommen. Eigentlich nur, weil sie ja so etwas nicht sehen sollte. „Vielleicht war es eine Fee oder ein Engel!“, denkt sie heute. Als Erwachsene darf sie denken und sehen, was sie will. Inzwischen hat sie Bücher über Feen und Engel gelesen, von Leuten, die öfter feinstoffliche Wesen sehen. Deswegen findet sie es schön, dass ihr kleiner Enkel so etwas sehen kann.

Mir haben meine Eltern nicht verboten, diese Märchenwesen zu sehen. Sie haben mir sogar von ihnen erzählt. Aber leider – ich sehe sie nicht! – Ich habe aber das Gefühl, dass sie da sind.

Meinen kleinen Garten habe ich so angelegt, dass sie sich darin wohlfühlen können. Er darf nicht zu ordentlich sein, weil er sonst unnatürlich ist. Alle kleinen Tierchen müssen sich im Garten zusammen mit den Pflanzen wohlfühlen können. Deswegen müssen unter den Büschen auch welke Blätter und abgebrochene Äste liegen. Auch wilde Pflanzen sollen gern bei mir wachsen wollen. An einer Ecke gibt es Brennnesseln für die Tagpfauenaugen (das sind Schmetterlinge!) und rote und weiße Taubnesseln und den kleinen blauen Gundermann. Wir haben auch eine kleine Wildblumenwiese, die darf man nur zweimal im Jahr mähen und nicht auf ihr herumlaufen. Da wachsen drei Sorten gelber Klee und Weißklee und roter Klee. Im Frühling blüht das Wiesenschaumkraut. Immer wieder habe ich es in die Wiese gepflanzt, bis ein paar Pflanzen angewachsen sind. Und dann haben sie sich über die ganze Wiese verbreitet. Wenn im Frühling unser Wiesenschaumkraut blüht, sieht es wirklich von weitem aus wie Schaum, hell lila und duftig. Mein Mann mag das so gern. Ich glaube, meine Elfen mögen das auch.

Ich hoffe jedenfalls, dass Elfen in meinem Garten wohnen. Manchmal rede ich mit ihnen. Auf alle Fälle denke ich an sie. Ich hoffe, sie freuen sich wie ich an den duftenden Rosen, an meinem kleinen Kräutergarten mit Tymian und Schnittlauch, an meiner Waaker Ecke mit Leberblümchen und Buschwindröschen, Lungenkraut und Waldmeister.

In Waake, wo ich ja aufgewachsen bin, wie ich dir schon erzählt habe, war ich viel im Wald. Und ich glaube, da gibt es jede Menge Elfen. Einmal im Jahr wandern wir da zur Mackenröder Spitze, zum Hünstollen oder zur Plesse. Dann habe ich das Gefühl, dass alle Naturwesen aus dieser Gegend mich begrüßen. Ganz leise, ich kann es nur ahnen.

Wenn wir mit dem Auto in die Nähe kommen, kann ich fühlen, wo der Schutzbereich des großen Naturengels anfängt, der für diese Gegend zuständig ist. Ich fühle mich plötzlich zufrieden und geborgen. Früher habe ich das nicht bemerkt. Ich kam zu Besuch zu lieben Menschen. Aber in der letzten Zeit spüre ich es immer deutlicher.

Ich konnte es mir zuerst gar nicht erklären, warum ich mich dort so wohl fühlte. Jetzt weiß ich es. Ich bin dort umhüllt von dem riesigen Erdschutzengel, bei dem ich mich schon als Kind glücklich gefühlt habe. Damals haben wir Schlüsselblumen und Maiglöckchen gepflückt, haben Walderdbeeren gesucht oder sind einfach gewandert. Wir haben winzige Mooshäuschen gebaut oder große Laub- und Stöckehütten, wie richtige Wohnungen. Wir sind in den Bächen gewatet oder haben Schuhcremedosen schwimmen lassen, die wir mit Stöcken lenkten, damit sie in den kleinen Stromschnellen nicht untergingen. Wir haben Himbeeren und Brombeeren gepflückt, Champignons auf der Waldwiese gesucht, du weißt ja, und sind vor den Kühen weggerannt, weil da ein Bulle dabei war. Wir haben aber den Kühen am Weidezaun auch Lieder vorgesungen. Dann kamen alle angerannt und hörten uns zu. Ach, während ich dies schreibe, wird mir erst deutlich, wie viel wir draußen waren und was das für mich bedeutet. Und immer waren wir im Schutz von diesem wunderbaren Naturengel, der dort alles durchdringt und überstrahlt. Jetzt, jetzt weiß ich das ganz genau. Und deswegen habe ich diese kleine Waaker Ecke in meinem Garten.

Es ist nur ein kleiner Reihenhausgarten. Aber ich wollte aus ihm einen winzigen Kraftort machen, ein Stückchen Erde, wo alles in Ordnung ist, wo alles heil und gut ist.

Das ist aber nicht leicht, weil alles so schnell zuwächst. Eine Sorte Pflanzen drückt die andere weg. Außerdem mögen es einige Nachbarn manchmal nicht, wenn ich das Laub nicht so schnell wegfege oder es unter die Büsche werfe, anstatt es in den Müllbeutel zu stecken. Sie schauen dann mit unfreundlichen Blicken in meinen Naturgarten. Und das macht mir zu schaffen. Andere sagen dagegen: „Dein Garten ist am schönsten!" Dann bin ich froh, denn mein schöner Garten soll ja nicht die anderen verärgern. Aber eigentlich trösten mich immer meine Elfen, auch wenn ich sie nicht sehe. Leider!

Ich weiß, dass sie in meinem Garten glücklich sind. Es gibt auch besonders viele Vögelchen und Schmetterlinge bei mir. Sogar die Katzen kommen gern in meinen Garten.

Zuerst war ich sauer auf sie. Sie schleichen um meine Vogelnester herum. Sie haben auch schon Vögel gefangen und Nester ausgeräubert. Zuerst habe ich immer ganz laut geschimpft, wenn sie kamen, und die beiden weggejagt. Aber dann habe ich gemerkt, dass meine Elfen es nicht mögen, wenn ich so laut mit den Katzen herumschreie. Dann habe ich angefangen, mit ihnen zu reden. Zuerst waren sie scheu, weil sie mich ja vom Wegjagen kannten. Aber dann fingen sie an, mir zuzuhören.

Diese beiden Katzen wohnen uns gegenüber in zwei Nachbarhäusern. Sie mögen sich gegenseitig nicht, weil sie sich ein Jagdrevier teilen. Manchmal schlagen und beißen sie sich so, dass sie ganz laut dabei jammern und schreien müssen. Die schwarze hat ein buntes Halsband um. Sie war von Anfang an ein bisschen zutraulich und ließ sich sogar manchmal streicheln. Wenn sie mich jetzt im Garten trifft, setzt sie sich hin und schaut mich an, als wollte sie sagen: „Schreist du heute mit mir?“ Dann sage ich: „Du kannst ruhig hier bleiben. Ich habe nichts dagegen. Aber du sollst nicht an meine Vögel gehen. Ich möchte das nicht in meinem Garten!“ Sie schaut mich an, als ob sie alles verstehen würde. Aber neulich, als ich gerade in meinem Kräutergarten beschäftigt war, hat sie sich direkt neben mir auf ihre Hinterpfötchen gestellt und mit den Vorderpfötchen in ein Vogelnest gelangt. Ich habe natürlich wieder mit ihr geschimpft, obwohl ich ja weiß, dass Katzen von Natur aus Vögel jagen. Wahrscheinlich lachen mich meine Elfen aus, weil ich so dumm bin, etwas zu versuchen, was nicht geht. Zu der anderen schwarzweißen Katze sage ich immer: „Geh nach Hause!“ Dann geht sie auch meistens weg. Sie ist mir sowieso noch böse wegen der Schimpferei. Wir sind uns nicht so sympathisch.

Ja, so höre ich auf meine Elfen, obwohl ich sie nicht sehe.

Wenn wir alle unsere Weintrauben gegessen haben und unsere Quitten zu Marmelade verarbeitet sind, bedanke ich mich bei unserem Weinstock und bei unserem Quittenbaum. Ich verbinde das mit einem sichtbaren Zeichen. Einmal haben sie beide ein buntes Schleifchen bekommen und einmal ein kleines Glöckchen. In diesem Jahr habe ich jedem ein Zweiglein mit kleinen rosa Röschen geschenkt.

Es ist alles Fantasie. Aber ich habe das Gefühl, es tut gut. Ich möchte einfach freundlich sein zur Natur und ihren Wesen, zu den sichtbaren und zu den unsichtbaren.

Vor zwei Jahren habe ich drei Elfenbilder aus Metall gekauft. Man kann sie an einem Stab in die Erde stecken. Von weitem sieht es so aus wie Schatten von Elfen. Sie sind ein bisschen kitschig, halt so, wie man sie sich vor 100 Jahren vorgestellt hat. Dass ich sie im Garten habe, heißt: „Ich sehe euch zwar nicht. Aber ich weiß, dass ihr da seid! Ich grüße euch!“

Neulich sagte jemand zu mir: „Alles, was du da so machst, kannst du auch nur in deinen Gedanken machen!“ Ja, stimmt sicher! Aber ich mag diese sichtbaren Zeichen. Und dann sagte ein anderer: „Man kann den Elfen sogar ein Schälchen Milch hinstellen!“ Das fand ich ja nun wieder echt übertrieben. Mein Mann sagte: „Da freut sich der Igel!“ Was denkst du darüber?

Ich habe mehrere Bücher über Elfen und andere Naturwesen gelesen. Einige Menschen beschreiben sie ganz genau, weil sie sie sehen können, so wie der kleine Enkel von Elisabeth. Die zwei für mich wichtigsten Autorinnen sind Dora Kunz und Flower Newhouse. Beide haben von klein auf die kleinen Wesen gesehen und auch große Engel. Sie sind beide bei Eltern aufgewachsen, die nicht versucht haben, ihrem Kind auszureden, was es sieht. Und dann haben sie dieses Sehenkönnen behalten, als sie schon erwachsen waren. Mir haben die beiden viel Freude geschenkt. Es ist einfach eine Bestätigung: „Ja, es gibt sie!“

Von einem anderen Autor, Marc Pogacnik, habe ich mehrere Bücher gelesen, in denen man seine Entwicklung verfolgen kann. Er hat sich eine immer bessere Fähigkeit erarbeitet, diese feinstofflichen Erdengeschwister wahrzunehmen. Von ihm habe ich gelernt, dass schon ein ganz winziges Spüren ein guter Anfang ist und dass man sich Zeit lassen muss.

Vielleicht gehörst du zu den Kindern, die etwas mehr wahrnehmen können als die meisten anderen Menschen. Ich habe gelesen, dass viel mehr Kinder das können, als wir denken. Dann sei glücklich und schau einfach! Oft verliert sich diese Fähigkeit später wieder. Das ist nicht schlimm. Du hast dann eine wunderschöne Erinnerung, und du weißt Bescheid.

Vielleicht kannst du ein ganz kleines bisschen was spüren. Das ist auch schon schön. Dieses Gefühl ist angenehm und geheimnisvoll.

Vielleicht kannst du die Elfen und kleinen Wesen nur in deiner Fantasie erleben. Dann kannst du sie auch lieben, wie sie in den wunderbaren Geschichten und Märchen vorkommen. Du kannst sie nach deiner Fantasie malen und kannst dabei denken: „Es gibt euch wirklich!“

Hier kannst du Elfen oder Zwerge, Klabautermänner oder Kobolde malen, was du am liebsten magst.

Notizen:

Von Jesus Christus

Liebe Eltern!

Nun möchte ich mit den Kindern über unsere Religion sprechen. Ich muss es genauer sagen: Ich möchte ihnen von Jesus Christus erzählen.

Viele von Ihnen und Ihren Kindern sind getauft. Das ist etwas ganz Normales, weil wir im christlichen Abendland leben. Hier in Europa hat das Christentum unsere Geschichte entscheidend mitbestimmt. Unsere Gewohnheiten, Sitten und Feste, unsere ganze Kultur hat hier ihren Ursprung. Unsere Musik, Malerei und Dichtung haben christliche Themen zum Inhalt, oder sie sind für christliche Gottesdienste und christliches Leben überhaupt geschaffen worden.

Dabei wissen viele Menschen heute gar nicht mehr, worum es eigentlich geht. Manche sind auch nicht getauft oder lassen ihre Kinder nicht mehr taufen. Dafür gibt es viele Gründe. Im Namen des Christentums und der Kirchen sind im Laufe der Geschichte schreckliche Dinge geschehen. Das darf man nicht vergessen. Es wirkt noch heute abstoßend weiter.

Für viele Menschen sind die Worte der Kirche auch leer geworden. Sie geben ihnen nicht das, was sie sich erhoffen würden.

Es ließe sich viel Kritik zusammenbringen. Auf der anderen Seite ist der Glaube an Jesus Christus doch immer durch die Kirchen weitergetragen worden. Viel soziales Engagement wird durch die Kirchen in Gang gesetzt und kanalisiert. Ich erlebe auch zur Zeit in der Kirche eine Art Öffnung zu einem größeren Welt- und Gottesverständnis.

Ich möchte mich mit dem Thema Kirche aber hier nicht auseinandersetzen. Ich möchte mich auf Jesus Christus konzentrieren. Er ist trotz aller gegensätzlicher Meinungen über die Kirche für sehr viele Menschen von großer Bedeutung. Ich sehe es auch daran, dass viele Eltern ihre Grundschulkinder am Religionsunterricht teilnehmen lassen, selbst wenn sie keine Kirchenmitglieder sind. In unserer Schule sind es zur Zeit wieder nahezu alle.

Sie werden sicher gespannt sein, was ich über Jesus von Nazareth zu sagen habe und wie ich ihn im Rahmen einer spirituellen oder esoterischen Erziehung Ihrer Kinder sehe. Für mich als Religionslehrerin ist es selbstverständlich, dass in unserer Kultur Jesus Christus in eine spirituelle Erziehung hineingehört. Natürlich ist dies nur ein Kapitel von mehreren in einem Buch mit einem allgemeineren Thema. Aber es würde mich freuen, wenn es gerade Sie dazu führen würde, sich näher mit Jesus Christus zu beschäftigen.

Für mich ist Jesus von Nazareth der Meister, dem ich in diesem Leben begegne. Zusammen mit meinen Schulkindern erfahre ich immer wieder Neues durch ihn. Oft sind es sogar die Kinder, die mir eine Sichtweise eröffnen, die ich bisher noch nicht wahrgenommen hatte.

Viele Menschen der heutigen Zeit, die sich spirituell entwickeln wollen, suchen nach einem Meister, der ihnen einen Weg weist, wie sie es von den östlichen Religionstraditionen hören. Er soll sie einen Weg führen, den sie sich allein noch nicht zutrauen. Manche sind so glücklich, ein solches Wesen zu finden. Manche nehmen auch an den unterschiedlichsten Kursen teil und begegnen dann in ihrem Kursleiter einem Lehrer, der für eine Zeit lang zu ihrem Meister wird. Viele Menschen lesen auch viel und hoffen, dem eigentlichen Meister eines Tages zu begegnen. Inzwischen sind einige von dem einen oder anderen enttäuscht, den sie für einen Meister gehalten hatten.

Ich bin in meinem Leben vielen wunderbaren Menschen begegnet, von denen ich auch viel lernen durfte. Aber ein Meister, wie ich ihn mir vorstelle, war nicht dabei. Als ich als ganz junge Frau in Indien war, habe ich sogar nach einem solchen Wesen Ausschau gehalten. Meine Beobachtungen waren ziemlich enttäuschend. Aber das lag natürlich auch an meiner eigenen Unreife. Jetzt habe ich schon lange keine Sehnsucht mehr nach einer solchen Führung, denn ich weiß, dass ich meinen Weg in diesem Leben allein gehen muss. Das ist mein persönlicher Weg in diesem Erdenleben. Ich will mit dieser Empfindung niemanden von wunderbaren Erfahrungen abhalten.

Der Meister, der mich immer wieder gelehrt hat, auch wenn ich ihm jetzt nicht in seinem Körper begegne, ist Jesus Christus. Ich begegne ihm im Neuen Testament, am deutlichsten, wenn ich mich auf den Unterricht vorbereite, denn dann lese ich am intensivsten. Aber ich begegne ihm auch in anderen Büchern. In letzter Zeit halfen mir die Bücher von Ravi Ravindra über das Johannes – Evangelium: „Mystisches Christentum“, von Eugen Drewermann: „Ich steige hinab in die Barke der Sonne" und von Willigis Jäger: „Die Welle ist das Meer".

Auch meine Auseinandersetzung mit der feministischen Theologie ist mir sehr wichtig. Hier werden andere Schwerpunkte gesetzt. Ich erfahre, dass es auch Jüngerinnen gab, und darf mich mit ihnen identifizieren.

So ist mir Maria Magdalena sehr nahe gekommen, die im Laufe der Geschichte immer wieder mit der Sünderin gleichgesetzt worden ist. An ihr haben sich die Fantasien und Hoffnungen der Menschen entzündet, die ihre Sexualität, aber auch ihre Freiheit im Denken und Fühlen über lange Phasen der christlichen Geschichte unterdrücken mussten, besonders die Frauen. Ich möchte Ihnen die Romane von Marianne Fredrikson „Maria Magdalena" empfehlen und „Mirjam" von Luise Rinser, besonders den Müttern. Auch in den beiden oben empfohlenen Büchern von Drewermann und Ravindra sind die Kapitel über Maria Magdalena sehr schön. Sie tragen dazu bei, sich dem, was Jesus Christus uns bedeuten kann, wieder zu öffnen. Wir brauchen ja einen Weg, den wir vertrauensvoll gehen können! Aber wir können uns in diesem Zeitalter durch nichts und niemanden mehr die Freiheit nehmen lassen, auch hier unsere eigenen Entscheidungen zu treffen.

Seit ich es mir gestatte, Jesus Christus wirklich auf meine Art zu sehen, kann ich auch im Gottesdienst wieder offener sein. Zwar habe ich mir schon immer alles, was dort geschieht, auf meine Art erklärt und gedeutet. Das hatte ich ja durch meine Erziehung so gelernt. Aber ich fühlte mich auch durch vieles abgestoßen und war oft nahe daran, der Kirche den Rücken zu kehren. Eine Zeit lang haben mich nur die sozialen Aufgaben, die die Kirche schon immer übernahm und die ich würdigen muss, davon zurückgehalten. Die These, Jesus Christus habe uns durch seinen Opfertod von unseren Sünden befreit, trennte mich wie viele andere Menschen von der Kirche. Ich möchte aber auch auf diesen Glaubenssatz jetzt nicht eingehen. Man müsste ein eigenes Buch darüber schreiben.

Ich liebe das Singen im Gottesdienst, die alten und die neuen Lieder. Bei den alten stören mich manchmal Teile der Texte, aber die Melodien strömen für mich ein urheimatliches Gefühl aus, dem ich mich gern hingebe. Sicher liegt es daran, dass ich viele Male in diesem christlichen Abendland verkörpert war und bei aller Not Trost in diesen himmlischen Chorälen gefunden habe. In diesem Gefühl kann ich Textstücke überhören, während ich sie singe, oder sie, wie gewohnt, einfach für mich auf besondere Art interpretieren. Die neueren Lieder haben für mich nicht diese starke gefühlsmäßige und musikalische Intensität. Dabei sind die Melodien ansprechend, manchmal fast zu eingängig. Die Texte dagegen entsprechen oft meinen eigenen Empfindungen, auch wenn sie teilweise sehr einfach erscheinen.

Ich brauche auch die Gespräche in meiner „Eine - Welt - Gruppe". Wir haben uns vor vielen Jahren als Frauengruppe gegründet. Inzwischen haben sich die Schwerpunkte der Thematik verschoben. So lasen wir zuletzt das schon angeführte Buch von Willigis Jäger. Es ist wichtig, Menschen zu haben, mit denen man über Glaubensfragen sprechen kann. Wir haben so unendlich viel voneinander zu lernen, und es tut uns gut, uns zu öffnen.

Ganz alte Meister habe ich unter den Christen: Meister Eckehart, Angelus Silesius und Hildegard von Bingen. Und natürlich Martin Luther! Was ich von ihm gelernt habe, kam durch meinen Religionsunterricht in mir zum Leuchten, seine Erkenntnis: „Gott liebt mich, absolut und immer, ohne mein eigenes Dazutun." Ich werde nie dieses kleine Lesetheater vergessen, das ich mit den Kindern im 4. Schuljahr spielte, in dem der Mönch Martin Luther nach seinen Geißelungen, Grübeleien, inbrünstigen Gebeten und Studien in den Garten zu seinen Mönchsbrüdern kommt und bei der Gartenarbeit versucht, ihnen die Erkenntnis zu vermitteln: „Gott liebt mich, ohne meine Taten anzusehen!" Immer wieder haben wir versucht, die Freude, ja die Erlösung, die für Luther in dieser Erkenntnis lag, in der Stimme auszudrücken. Danke, danke meinen Schulkindern, die mir auf ihre Art dabei geholfen haben, diese Tatsache zu verinnerlichen.

Ach, und ich darf Franziskus von Assisi nicht vergessen. Ich liebte ihn schon immer als den christlichen Gottesboten. Seinen Sonnengesang und das ihm zugeschriebene Gebet: "Herr, mache mich zum Werkzeug deines Friedens" haben mich durch mein ganzes Leben begleitet. In den letzten Jahren, als wir eine Zeit lang den Religionsunterricht für evangelische und katholische Kinder gemeinsam erteilen durften, machte ich Franziskus zu meinem katholischen Thema. Zweimal habe ich es mit den Kindern behandelt. Diese beiden Unterrichtsphasen gehören wohl zu dem Schönsten, was ich im Unterricht erlebt habe.

Zum Abschluss möchte ich zu Ihnen von einem Bild der mittelalterlichen Visionärin Hildegard von Bingen sprechen. Es heißt: „Der Leuchtende". Ich liebe dieses Bild von Jesus Christus besonders und habe es als großes Kalenderblatt neben meinem Schreibtisch hängen.

Hildegard von Bingen hatte ihr Leben lang großartige Visionen, die sich ihrer christlichen Vorstellungswelt anpassten, ohne dadurch eingeengt zu werden. Sie bekam sogar die kirchliche Erlaubnis, über diese Visionen zu schreiben. Ein Jahrhundert später wäre sie vielleicht als Hexe oder als Ketzerin umgekommen. Da man in der damaligen Zeit Lateinisch schrieb und sie als Frau nicht die Gelegenheit gehabt hatte, genug Latein zu lernen, erhielt sie einen sprachlich gewandten Mönch als Sekretär, der lange Zeit immer um sie herum war und alle ihre Visionen und Erkenntnisse protokollierte. So haben wir heute eine reiche Überlieferung ihrer hellsichtigen Forschungen. Sie kennen vielleicht Bücher über ihre Edelstein- und Pflanzenheilkunde.

Hildegards Visionen faszinieren mich aber besonders. Wir haben noch das zusätzliche Glück, dass sie einen begabten Buchmaler fand, der ihre Visionen nach ihren Angaben malte. Beim Betrachten der Bilder muss man aber bedenken, dass das, was sie hellsichtig wahrnahm, voller Leben, Bewegung und Licht war. Die seltsame Erstarrung, in der sie auf den Bildern erscheinen, hat uns der mittelalterliche Buchmaler vermittelt. Wenn wir beim Anschauen der Bilder ihre Texte lesen, können wir sie mit unserer Fantasie wieder zum Leben erwecken. Vielleicht finden Sie dieses Bild – „Der Leuchtende" – auch einmal in einem Buch oder Kalender.

Es zeigt Jesus Christus als lehrenden Triumphator auf einem Berg sitzend. Ein goldener Strahl, der von ihm ausgeht, übergießt eine kleine helle Gestalt im Vordergrund mit göttlichem Licht. Ich deute diese Person als mein kleines irdisches Ich, das auf diese Art mit dem Göttlichen verbunden ist.

Der Strahl, der das Höhere in mir, den göttlichen Anteil, mit meiner kleinen irdischen Persönlichkeit verbindet, ist bei Hildegard noch auf anderen Bildern zu sehen. Wir kennen in der christlichen Terminologie keinen Namen dafür. Die Inder nennen es Antakarana. Ich mag dieses Wort, weil es etwas bezeichnet, für das ich sonst keinen Namen hätte, und das ich sehr wohl spüre: Eine Verbindung zwischen meinem irdischen Wesen und meinem göttlichen Anteil oder zwischen mir und Gott – tief in mich hinein, durch das Herzchakra – oder hoch hinauf, über das Kronenchakra. Auf diesem Bild ist das Kronenchakra betont. Das höhere Selbst, das Göttliche, Christus thront. (Als irdische Persönlichkeit kann ich das Göttliche in meinem Kronenchakra oder in meinem Herzchakra wahrnehmen). Oft nehme ich das als irdische Persönlichkeit aber gar nicht wahr. Oft schneide ich mich sogar von ihm ab, indem ich Dinge tue, die nicht mit ihm in Einklang sind. Aber auch wenn ich die Verbindung nicht wahrnehme, ist sie immer da. Meine kleine Persönlichkeit hier auf Erden ist immer mit dem Göttlichen verbunden. Und wenn ich mich diesem Wissen öffne, erlebe ich es auch als Tatsache.

Wie auf diesem Bild ist Jesus Christus für mich der Meister, der mich in diesem Leben wieder und wieder lehrt. Und er ist auch der auferstandene Christus, das göttliche Wesen, das aus der geistigen Welt heraus immer für uns da ist, ein Aspekt des Göttlichen, das für uns Barmherzigkeit, Mitgefühl, Liebe vermittelt. Er sagt: „Ich und der Vater sind eins!" Im Indischen heißt es: „Atman und Brahman sind eins!" In den Upanischaden steht: „Er, der hier im Menschen wohnt, und jener dort in der Sonne, die sind eins!" So ist Jesus Christus für mich auch wichtig als der Christus in uns. Der göttliche Funke in mir, der göttliche Anteil, das Höhere Selbst, ist mit Christus und Gott eins.

Mit den Kindern gehe ich natürlich ganz anders an die Sache heran. Oft müssen sie diesen Jesus Christus erst kennenlernen. Dafür gibt es viele Geschichten. Es gibt Bilderbücher mit nacherzählten Texten, mit wunderschönen Bildern, für Ihre Kinder so gestaltet, dass sie sich mit diesen Geschichten wohlfühlen und dass sie anfangen, diesen Jesus von Nazareth zu lieben. Das ist für mich oberstes Lernziel. Sie sollen eine Liebe zu diesem Wesen entwickeln. Das ist wichtig, damit sie ihm zuhören in den Geschichten, in den Bildern, in der Musik, überall, wo sie ihm begegnen, und damit sie auch seine Liebe spüren können. Dann werden auch Auslegungen – Jesus in uns, wir als Gotteskinder, als Geschwister Jesu und unser Höheres Selbst in Einheit mit dem Göttlichen – durchglüht sein von der Liebe zu ihm. Nur dann ist der ganze Zusammenhang zu erahnen. Sie lernen mit der Liebe zu Jesus auch die Liebe zu den anderen Wesen dieser Erde, auch zu sich selbst. Sie lernen auch, diese Liebe zu fühlen.

Wie glücklich können wir sein, dass wir jetzt Übungen entwickeln, die uns dabei helfen, solche Ziele zu erreichen. Ganz langsam, spontan, bei jedem Kind zu einem anderen Zeitpunkt, wird es auch möglich, das Göttliche im eigenen Inneren zu erfahren – ansatzweise, blitzartig, vergänglich – wie bei uns.

Durch fünf Themen möchte ich mit Ihren Kindern über Jesus von Nazareth sprechen: Weihnachten, das Gleichnis vom verlorenen Schaf, die Geschichte von der Segnung der Kinder, Ostern und die Fußwaschung.

Frohe Weihnachten, liebe Kinder!

Weihnachten ist ein wunderbares Fest. Es fängt schon in der Adventszeit an. Mama hat einen Adventskranz oder ein Adventsgesteck aufgestellt. Vielleicht hängt ein Kranz an der Haustür, vielleicht bastelt ihr zusammen Kerzenhalter, Laternchen oder einen Fensterschmuck. Oder ihr fangt an, Weihnachtsgeschenke zu machen oder zu kaufen. „Was schenke ich bloß Papa?", so ähnliche Fragen gehen euch durch den Kopf und werden immer wichtiger. Ihr wünscht euch natürlich auch etwas zu Weihnachten.

Einen Adventskalender habt ihr schon. Es gibt Adventskalender mit Türchen, hinter denen ein Stück Schokolade hervorkommt, oder kleine Säckchen, in denen kleine Geschenke stecken. Jeden Tag im Dezember darf man etwas aus dem Adventskalender herausholen. Und so kommt Weihnachten immer näher heran.

Dauernd geht es um Geschenke! Was hat Weihnachten eigentlich mit Geschenken zu tun? Das ist ein richtiges Geheimnis. Warum schenke ich etwas? Und warum bekomme ich Geschenke?

Und dann die vielen Lichter! Es werden immer mehr. Auch das Licht hat etwas mit Weihnachten zu tun. Am Heiligen Abend ist dann der ganze Weihnachtsbaum voller Lichter.

In der Schule werden Advents- und Weihnachtslieder gesungen, die ganz alten, die schon Oma und Opa gelernt haben, und die neuen, die die Lehrerin für euch gefunden hat. Die Lieder verraten uns schon mehr darüber, was Weihnachten mit Licht und Geschenken zu tun hat.

Wir feiern die Geburt des Christkindes, das ja später unser Herr Jesus Christus wurde. Es wird gesagt, dass ganz viel Licht auf unsere Erde kam, als Gott uns dieses Kind schickte. Sogar die Engel haben es den Menschen erzählt, „verkündet", heißt es. Das kommt auch in den Liedern vor. Du denkst auch an den Verkündigungsengel, von dem ich euch schon erzählt habe. Es steht natürlich alles in der Bibel, in der Weihnachtsgeschichte.

Meine Klasse singt sehr gern. Das ist nicht immer so. Ich bin ganz glücklich darüber, dass ich diesmal eine Klasse habe, in der alle Kinder gern singen. Das Lied, das sie in der Weihnachtszeit am liebsten singen, ist „Maria durch ein Dornwald ging“. Kennst du es? Sonst kann es dir sicher jemand beibringen. Hier ist es! Es ist ein sehr altes Lied.

> Maria durch ein Dornwald ging, Kyrie eleison,
> Maria durch ein Dornwald ging,
> der hat in sieben Jahr'n kein Laub getragen.
> Jesus und Maria.
>
> Was trug Maria unter ihrem Herzen, Kyrie eleison,
> ein kleines Kindlein ohne Schmerzen,
> das trug Maria unter ihrem Herzen.
> Jesus und Maria.
>
> Da haben die Dornen Rosen getragen, Kyrie eleison,
> als das Kindlein durch den Wald getragen,
> da haben die Dornen Rosen getragen.
> Jesus und Maria.

Es gibt Lieder, die Geschichten erzählen. Dieses Lied erzählt eine Legende. Das ist eine besondere Art von Geschichte, die von einer wichtigen Person handelt, oft von einer heiligen Person, wie hier von Maria, der Mutter von Jesus. Eine Legende ist auch eine Geschichte, die ganz viel bedeutet.

Wir hatten auf dem Teppich in der Mitte der Klasse schon unsere Geschichte vorbereitet: Da liegen gelbe, braune und grüne Tücher und formen eine Landschaft aus Bergen, Tälern, Wiesen und Wüste. Einen Fluss gibt es dort, den Jordan, den hat ein Kind aus Pappe geschnitten. Der See Genezareth ist auch aus blauer Pappe. Und da ist auch das Häuschen in Nazareth, in dem Maria und Josef wohnen. Unsere kleinen Krippenfiguren stammen aus Mexiko. Maria ist im Haus, und Josef arbeitet draußen in seiner Tischlerei.

Wir haben schon Dornenbüsche vorbereitet, eine ganze Schachtel voll. Im Schulwald haben wir uns stachelige Zweige gesucht, nicht zu groß, gerade so, dass sie für Maria einen kleinen Wald bilden können. Wir haben die Zweige jeweils in einen Kneteklumpen gesteckt, der unten platt gedrückt ist, damit er gut steht. Und wir haben noch etwas vorbereitet, jeder für sich: Wir haben auf weiße Pappe kleine Röschen gezeichnet, ganz einfach, so wie man sie früher auf Bauernmöbeln gemalt hat. Wir haben sie rosa angemalt und hinten ganz klein unseren Namen darauf geschrieben. Drei darf jeder mit in den Kreis nehmen.

Nun sitzen wir auf unseren Kissen im Kreis um unser Bild. Dann erzähle ich den Kindern eine Geschichte von Maria: „Ihr wisst ja schon alle, dass der Engel bei Maria war und ihr gesagt hat, sie würde ein ganz besonderes Kind bekommen, das Christuskind, auf das alle Menschen schon warteten. Danach war Maria ein bisschen erschrocken und durcheinander. Das könnt ihr euch vorstellen. Deswegen machte sie eine kleine Reise zu ihrer Freundin Elisabeth. Sie war auch ihre Cousine, mit der konnte sie über alles am besten reden. Elisabeth war schon etwas älter als Maria, und sie erwartete auch ein Baby. Sicher war Josef froh, dass Maria alles mal mit ihrer besten Freundin besprechen wollte. Vielleicht hat er in der Zeit schon eine Wiege gebaut oder etwas, mit dem er genug Geld für seine neue Familie verdienen konnte. Vielleicht ein Boot für die Fischer auf dem See Genezareth. Maria packte ein paar Sachen ein und machte sich auf den Weg."

Als ich das erzähle, habe ich die Figur von Maria in die Hand genommen. Vielleicht wäre es auch schön, Maria dabei im Kreis weiterzugeben. Die Kinder sind gespannt, wann nun unser Lieblingslied mit den Rosen kommt.

„Eine solche Reise machte man damals zu Fuß. Maria musste über die Berge wandern und war eine ganze Weile unterwegs, bis sie bei Elisabeth ankam. Die beiden Freundinnen hatten sich viel zu erzählen. Sie freuten sich, dass sie zusammen sein konnten, und sie haben sich auf ihre Kinder gefreut. Sie haben sich natürlich oft über ihre Babys unterhalten. Vielleicht haben sie zusammen Babysachen genäht. Maria blieb sicher ein paar Wochen bei Elisabeth.

Nach einer Weile wollte Maria wieder zu Josef nach Nazareth. Sie wanderte mit ihren Babysachen im Beutel wieder über die Berge zurück. Damals konnte sie gerade die ersten Bewegungen von ihrem Kind im Bauch spüren. Sicher dachte sie immer wieder an ihr Kind, vielleicht auch an den Engel, der ihr diese merkwürdigen Worte über ihr Kind gesagt hatte. Er hatte zu ihr gesagt: ‚Du wirst ein Kind des Höchsten bekommen!' Vielleicht hat sie auch mit dem Kindlein geredet. Sie war ja ganz allein unterwegs. Vielleicht hat sie ihm auch etwas vorgesungen. Und da passierte diese wunderbare Geschichte aus unserem Lied:

Maria musste auf ihrem Weg einen Dornenwald durchqueren." Die Kinder summen die Melodie, und ich begleite sie ganz leise mit der Flöte. Dabei stellen wir vorsichtig den Dornwald aus unserer Schachtel auf. Jeder nimmt sich ein Bäumchen und stellt es hin, dann erzähle ich weiter:

„Es muss ein merkwürdig verdorrter Wald gewesen sein. Er hatte ja seit sieben Jahren schon keine Blätter mehr bekommen. Was war nur mit den Büschen und Bäumen passiert? Bestimmt gab es auch kaum noch Tiere in diesem Wald! Es muss unheimlich und trostlos dort gewesen sein."

Nun lässt eins der Kinder Maria in den Wald hineingehen. Wir summen dabei wieder unsere Melodie, und ich erzähle weiter:

„In dem Augenblick, als Maria mit dem Christkind im Bauch den Dornwald betrat, fingen die Büsche an sich zu regen und zu wachsen. Eine Rose nach der anderen blühte auf. Es geschah etwas Wunderbares, als das Christkind durch den Wald getragen wurde.“

Nun singen wir das Lied zusammen, und jeder legt seine Röschen leise und vorsichtig in den Wald, durch den Maria geht.

Aber wir wollen auch verstehen, was da passiert ist und was diese Geschichte bedeutet. Und da fällt uns ein, dass die Rose Liebe bedeutet. Und wo fühlen wir die Liebe am stärksten in uns? Ja, in unseren Herzen. Deswegen wollen wir jetzt mal unsere Hände auf unser Herz legen, ungefähr auf unser Herz. Die Rose ist auch ein uraltes Symbol für unser Herz, und beides bedeutet Liebe.

Um die Geschichte noch besser zu verstehen, machen wir eine Stilleübung, eine Meditation:

„Wir atmen ganz ruhig, aus und ein, aus und ein. – Ganz still werden wir – und atmen aus und ein. – Wir wissen, wie gut uns diese Stille tut. – Die Augen lassen wir langsam zufallen. – Wir atmen ganz ruhig. – Wir fühlen uns wohl. –

Und nun lassen wir unter unseren Händen eine Rose erblühen. – Wir merken, wie sie sich öffnet. – In unserem Inneren, – in unserem Herzen – erblüht eine Rose. – Sie entfaltet sich immer mehr. – Manche Kinder können sie mit ihrem inneren Auge sehen. – Manche Kinder spüren sie. – Manche merken die Rose einfach so.

Wenn ihr das Gefühl habt, die Rose ist da, – dann denkt ihr an die Menschen, die ihr auf dieser Erde am liebsten habt. – An Mama, – an Papa, – Oma, Opa, – Geschwister, – aber auch an eure Tiere – oder Kuscheltiere, – an euren Garten, – an alles, was ihr liebt. – Ich spiele unser Lied auf der Flöte, während ihr noch träumt. – Wer mag, kann leise mit summen. – Das Christuskind berührt euch, – und in euren Herzen erblüht eine Rose.“

Nach einer solchen Stilleübung erzählen die Kinder immer, ob sie sich alles vorstellen konnten, ob sie mitgehen konnten und wenn sie mal zwischendurch an was anderes denken mussten, wie sie dann wieder rein gekommen sind.

Vor vielen Jahren, als ich noch nicht so aus der Kreismitte heraus arbeitete, haben die Kinder einer Klasse dieses Lied mal in eine Legendenerzählung umgewandelt. Dabei entstand ein wunderschöner Gedanke, den ich nie vergesse: Als die Rosen im Dornwald immer mehr erblühten, kamen Tiere in den Wald. Zuerst verschiedene Vögel, Bienen und Schmetterlinge, und dann auch Rehe und Hasen. Man könnte direkt noch eine neue Strophe dichten.

Am letzten Schultag vor den Weihnachtsferien spielen wir, wie das Kind in der Krippe geboren wird. Wie der Engel den Hirten erscheint und sie mit ihren Schafen zum Stall führt.

Unser Bild auf dem Teppich hat sich inzwischen sehr verändert. Maria und Josef sitzen mit ihrem Kindlein im Stall. Es sind Engel da und Schafe und viele Kerzen. Das Licht bedeutet auch wieder etwas Ähnliches wie die Rose. Der Dornenwald mit den vielen Röschen ist noch da. Unsere Namen stehen ja hinten auf den Röschen. Das erinnert uns, dass wir es sind, die aufblühen. Unser Herz blüht auf durch die Liebe. Ein Licht wird in uns angezündet. Ja, was bedeutet nun das? Durch die Berührung mit dem Heiligen erwacht etwas in uns. Wir können auf einmal unseren göttlichen Funken spüren. Das Göttliche in uns kommt zum Blühen. Wir fühlen es als Liebe, als Freundschaft, als Wärme. Und deswegen singen wir jetzt auch unser anderes Lieblingslied: „Im Advent, im Advent ist ein Licht erwacht…“ besonders die dritte Strophe, dass Gottes Sohn unser Bruder ist. Das gefällt uns nun allen am besten.

Zuletzt erinnere ich die Kinder noch daran: Das göttliche Kind wird in der Krippe geboren. Und dein göttliches Ich wird in deinem Körper geboren. Und wie sich die Engel über die

Geburt des Christkindes gefreut haben, so freuen sie sich auch über die Geburt deines göttlichen Funkens auf dieser Erde. Und weil das alles so eine große Freude ist, schenken wir uns zu Weihnachten etwas. Wir wollen uns gegenseitig unsere Liebe zeigen.

Grüß Gott, mein Kind!

Im Religionsunterricht und vielleicht im Kindergottesdienst hörst du viele Geschichten über Jesus, wie er durch das Land gezogen ist und den Menschen von Gott erzählt hat.

„Gott ist wie ein Vater!“, hat er gesagt. „Er liebt seine Kinder immer, auch wenn sie etwas Dummes machen, etwas Falsches oder sogar etwas Böses“ Oder er hat gesagt: „Gott ist wie ein Schäfer“ Wenn er aus seiner Herde ein Schäfchen verloren hat, sucht er es, bis er es wiederfindet.

Kennst du die Geschichte vom verlorenen Schäfchen? Es gibt Bilderbücher von dieser Geschichte. Jesus erzählte sie, als die Menschen ihn fragten: „Wie ist Gott?“ Ich erzähle sie dir mal in meiner Art.

„Die Hirten in Israel mussten oft lange wandern mit ihrer Herde. Das Schäfchen war schon sehr müde. Sie kamen an einer kleinen Wiese vorbei. Das Schäfchen war so müde. Es wollte nur mal ein bisschen an einem frischen Blättchen knabbern und sich einen Augenblick ausruhen. Der Schäfer zog aber weiter, denn diese Wiese war zu klein für die ganze Herde. Und plötzlich konnte das Lämmchen kein einziges anderes Schaf mehr sehen. Es hatte doch nur mal ganz kurz getrödelt. Wo waren bloß die anderen? Ganz verzweifelt suchte es herum. Aber nichts war zu sehen. Nun wurde es schon dunkel. Es wusste nicht, was es tun sollte. Aber der Schäfer hatte schon gemerkt, dass ihm ein kleines Lämmchen fehlte. Er brachte die Herde an eine sichere Stelle und setzte seine Hunde zum Aufpassen dazu. Dann ging er den Weg zurück, um zu suchen. Er rief und hatte ein Licht in der Hand. Überall schaute er nach, hinter Grasbüscheln und Steinen. Endlich fand er das Lämmchen. Es hatte so lange geblökt und geweint, bis es vor lauter Verzweiflung eingeschlafen war. Der Schäfer streichelte es und redete mit ihm. Wie froh war er, sein kleines Schäfchen wiederzuhaben! Und wie froh war das Lämmchen, als es seinen guten Hirten sah! Er nahm es hoch und trug es zurück zu seiner Herde. Wie glücklich lag es da auf seiner Schulter und ließ sich tragen! Und dann wurde es von den anderen begrüßt. Ach, wie froh war es, dass sein lieber Hirte es wieder nach Hause zu den anderen gebracht hatte!"

Diese Geschichte erzähle ich den Kindern immer im ersten Schuljahr. Denn sie fragen ja auch: „Wie ist Gott?" Und du fragst das vielleicht auch: „Wie ist Gott?"

Meine Schulkinder spielen diese Geschichte immer sehr gern. Jeder möchte natürlich das kleine Schäfchen sein. Deswegen müssen wir die Geschichte ganz oft spielen. Aber wir brauchen ja auch viele andere Schafe. Das machen eigentlich alle gern. Sie krabbeln durch die Klasse und fressen und blöken. Den Hund mögen die Kinder auch gern spielen. Er muss um die Herde herumlaufen und aufpassen, dass kein Schaf verloren geht. Der Hirte ist die wichtigste Person. Er muss gut reden können, damit man das ganze Spiel auch versteht. Manchmal muss ich etwas vorsagen und helfen.

Mit seinen Schafen zieht der Hirte durch die Klasse, überall entlang, wo Platz ist. Die Schafe krabbeln immer hinter dem Schäfer her. Ganz hinten läuft der Hund. Meist hat er auch einen Namen. Du kannst dir einen ausdenken. Manchmal heißt er Rex. „Rex, pass auf meine Schafe auf!", sagt der Schäfer. Und Rex macht: „Wuff!" (oder so ähnlich). Ist ja klar, was das bedeutet. Er passt schon auf.

Aber jetzt fängt das kleine Schäfchen an zu trödeln. Es versteckt sich mal kurz hinter einer Schultasche. Rex stupst es an, und es läuft weiter. Es wird aber schon ganz müde. Da ist doch so eine schöne kleine Wiese! Der Schäfer ruft Rex. Er hat mal weiter vorne was zu tun. Und schon ist es geschehen! Das Kind, das das Lämmchen spielt, versteckt sich hinter dem Lehrertisch. Nun kann es keiner mehr sehen. Es frisst Kräuter und redet mit einem Schmetterling.

Bald lässt der Hirte seine Herde anhalten. Er sagt: „Hier ist ein guter Platz. Hier gibt es genug für euch alle zu fressen! Komm, Rex, hilf mir!“ Und schon fangen alle an zu fressen. Rex läuft rings herum und bellt ein bisschen. Die Schafe sind alle müde. Sie legen sich hin und schlafen. Sie kuscheln sich aneinander. Das macht Spaß, das ist gemütlich. Manche Kinder machen auch Kaubewegungen, weil sie schon wissen, dass Schafe Wiederkäuer sind.

Aber nun fängt der Schäfer an, seine Schafe zu zählen. Ein paarmal muss er zählen, weil immer noch welche herumlaufen. „Da fehlt doch eins! Rex, ein Schäfchen fehlt! Das ist ja das kleinste Lämmchen! Hast du das nicht gemerkt, Rex?“ „Wuff!“, macht der. Das soll wohl heißen: „Ich kann meine Augen und Ohren ja nicht überall haben!“

Aber der Schäfer, der fängt schon an zu überlegen: „Ich muss es suchen gehen!“ Er ruft: „Rex, du passt auf! Pass auf, dass alle hierbleiben! Und pass auf die Wölfe auf! Ich muss das Kleine suchen!“ (Dem Kind, das den Hirten spielt, fällt hier immer so allerhand ein.) Rex sagt wieder: „Wuff, wuff!“ Und schon geht der Hirte los.

Er sucht überall. Aber noch kann er das Lämmchen nicht finden. Inzwischen ist es hinter dem Lehrertisch wieder aufgewacht. Es jammert und blökt. Aber der Hirte findet es jetzt noch nicht. Er muss erst ein paarmal die ganze Klasse durchsuchen. Und dabei muss er immer reden und zeigen, dass er sein Schäfchen vermisst. Er sagt auch, dass er nicht aufhören wird zu suchen, bis er es gefunden hat. Manchmal vergessen die Kinder, die den Hirten spielen, diesen wichtigen Satz. Dann erinnere ich sie daran. Wir spielen ja nur für uns, damit wir die Geschichte besser verstehen, und weil es uns so einen Spaß macht. Da kann ich als Lehrerin ruhig mal etwas dazwischen sagen. Das stört niemanden. Und dieser Satz ist das Allerwichtigste, weil er zeigt, wie Gott uns liebt: „Ich werde nicht aufhören, dich zu suchen, bis ich dich gefunden habe!" Etwas mit diesem Sinn muss der Hirte unbedingt sagen.

Endlich, endlich findet der Hirte das Schäfchen. Das ist eine Begrüßung! Er muss es streicheln und ihm seine Freude zeigen. Das Schäfchen ist so froh, dass der Hirte da ist. Dass er es gesucht hat! Diese Stelle ist für die Zuschauer wichtig. Sie passen auf, ob der Hirte das gut spielt, wie er sich freut und wie er das Schäfchen streichelt.

Dann tut er so, als ob er es trägt. Es muss natürlich hinterherlaufen, weil es zu schwer ist. Aber alle wissen, wie es gemeint ist: Er trägt es.

Nun kommt die Stelle, die alle Schafe am schönsten finden. Jetzt begrüßen alle das Lämmchen und zeigen ihm, wie froh sie sind, dass es wieder da ist.

Dann ist das Spiel aus, und meistens schreien die Kinder gleich alle durcheinander, wer jetzt Schäfchen und wer Hund und Schäfer sein will. Aber dann müssen erst noch einmal alle ganz ruhig sein. Denn dann will ich die Kinder daran erinnern, was wir da eigentlich gespielt haben. Ich frage: „Was haben die Menschen Herrn Jesus gefragt?" Dann melden sich alle. Ein Kind sagt: „Wie ist Gott?" „Und was hat Herr Jesus geantwortet?" „Gott ist wie ein Hirte" Und dann spielen wir wieder.

Sicher hat dir diese Geschichte gut gefallen. Du kannst sie ja auch spielen mit deinen Freunden, deinen Eltern oder mit deinen Kuscheltieren oder mit Playmobil

Mein liebes Kind!

Ganz wichtig ist für uns die Geschichte, die wir immer „Jesus hat die Kinder lieb“ nennen. Kennst du sie schon?

Da zog Herr Jesus durch das Land und erzählte den Menschen von Gott und wie sie leben sollten. Viele Menschen kamen zu ihm und wollten ihm zuhören. Sie wollten wissen, wie das mit Gott war, und auch, wer sie selbst überhaupt waren. Aber da war noch etwas anderes. Sie merkten, dass Jesus ein ganz besonderes Wesen war. Er strahlte. Sie spürten seine Liebe zu allen Menschen, ja zu allen Wesen. Sie fühlten sich wohl in seiner Nähe. Sie wollten einfach bei ihm sein.

So, wie du dich wohlfühlst, wenn du draußen warst und kommst wieder rein zu Mama. Besonders wenn es draußen mal nicht so toll war, dann fühlst du dich bei Mama beschützt und verstanden. Du fühlst dich einfach gut.

Ja, so fühlten sich die Menschen bei Jesus – und vielleicht noch anders, weil sie auch sein göttliches Wesen spürten, viel mehr als bei anderen Menschen. Manche fühlten sich plötzlich mit Gott verbunden. Sie spürten ihren eigenen göttlichen Funken, du weißt schon, viel stärker als sonst. Deswegen wollten sie alle gern bei ihm sein.

Eines Tages kamen nun lauter Mütter und Väter und brachten ihre Kinder mit. Sie wollten, dass die auch etwas von der großen Liebe spüren sollten, sie sollten in die Nähe von Herrn Jesus. Er sollte sie anfassen und auf den Arm nehmen.

Die Kinder kamen angerannt, sie tobten und spielten. Die Kleinen schrien vielleicht gerade, weil sie Durst hatten und alles noch nicht verstanden. Naja, das wurde den Jüngern zu laut. Sie meinten: „Das ist doch nun wohl nicht die Aufgabe von Herrn Jesus, dass er sich hier mit den Kinder abgibt!“ In der damaligen Zeit wurden die Kinder auch oft nicht so wichtig genommen, wie ihr es von euch kennt. Die Jünger riefen: „Halt, was wollt ihr hier? Stört Herrn Jesus nicht! Hier muss es still sein! Geht mit euren Kindern nach Hause. Wenn sie größer sind, können sie selbst kommen!“

Aber Jesus rief: „Lasst die Kinder zu mir kommen und schickt sie nicht weg!“ Du kannst dir ja denken, dass sie dann alle kamen. Sie setzten sich auf seinen Schoß und wollten mit ihm spielen. Das kannst du dir selbst ausdenken. Vielleicht wurden sie auch ganz ruhig und fühlten seine Nähe und fühlten sich wohl. Und Jesus legte ihnen die Hände auf den Kopf und segnete sie.

Ich erzähle dir ein Geheimnis. Sie fühlten einen warmen Strom durch sich hindurch gehen. Du kannst so etwas selbst ausprobieren. Lass dir von Mama oder Papa oder von einem anderen, den du lieb hast, die Hände auflegen. Du wirst es spüren. Du wirst ruhig und findest dich selbst. Stell dir vor, wie viel stärker das bei Herrn Jesus gewesen sein muss.

In der Schule haben wir so ein altmodisches Arbeitsblatt mit verschiedenen Bildchen zu dieser Geschichte. Wir malen erst Jesus auf jedem Bild das Kleid mit der gleichen Farbe an, damit wir ihn schnell finden und die Geschichte in den Bildern gut verstehen. Die meisten Kinder malen das Gewand gelb an. Sie wollen darstellen, dass Jesus voller Licht und Liebe ist. Irgendwann fing mal ein Kind an, Jesus mit gelben Strahlen zu umgeben, weil seine Liebe ja auf die Menschen strahlt, die in seiner Nähe sind. Das erzähle ich jetzt immer, und die meisten Kinder finden, dass das genau richtig ist, und machen es auch so. Das ist die Aura von Jesus. Ich werde euch später im Buch noch von der Aura erzählen, die alle Menschen haben.

Meine Schulkinder malen dann auch noch Sprechblasen und schreiben: „Halt, hier dürft ihr nicht hin!“, oder so etwas. Und Jesus sagt: „Komm zu mir!“ Es muss immer sehr kurz sein, weil wir das im ersten Schuljahr machen. Dann können die Kinder ja noch nicht so viel schreiben. Oft muss ich in die Sprechblasen schreiben, was die Kinder mir sagen.

Das nächste Mal, malen wir uns dann jeder selbst. Wer besonders gut zeichnen kann, oder wer es sehr gern möchte, zeichnet auch noch Jesus. Dann schneiden wir die Figuren aus und bereiten eine Pappe vor, am besten grün (Wiese).

Mit unseren Figuren setzen wir uns im Kreis um die Pappe. Zuerst wird Jesus aufgeklebt. Wir überlegen uns die Geschichte noch einmal und denken daran, dass Jesus auch zu uns sagt: „Du darfst zu mir kommen!"

Wir werden ganz still. Jeder überlegt, was er zu Jesus sagen will, wenn er kommt. Dann sagt jeder seinen Satz und legt sein Bild hin. Jeder möchte natürlich auf dem Bild ganz nah bei Herrn Jesus sein. Da müssen wir uns ein bisschen einigen, weil da bei seinem Bild nicht genug Platz ist. Wichtig ist, dass wir ganz still sind, wenn ein Kind seinen Satz zu Herrn Jesus sagt. Wir wollen gern wissen, was jedes Kind zu sagen hat. Die Stille ist auch nötig, damit jedes Kind fühlen kann, wie wichtig es für Herrn Jesus ist, aber auch für uns alle im Kreis. Wir haben ja den göttlichen Funken in uns. Daran denken wir auch, wenn wir uns gegenseitig zuhören.

Später, wenn alles aufgeklebt wird, erinnern wir uns vielleicht noch einmal daran, was wir zu Jesus gesagt haben. Vielleicht malen alle ein Mandala an. Dann ist es ganz still.

Ich könnte dann sagen: „Johanna, komm, Jesus ruft dich!" Und Johanna würde dann kommen und ihr Bild festkleben und dabei noch einmal ihren Satz zu Jesus sagen. Aber Johanna würde das sicher etwas übertrieben finden, weil es doch nur ein Bild ist. Bianca dagegen würde es gut finden. Und Mira würde ganz viel darüber erzählen, was sie fühlt, wenn sie auf dem Bild so nah bei Jesus ist.

Jeder Mensch ist eben ganz anders als alle anderen. Du weißt schon, ja, du bist so, wie Gott dich will. Dein göttlicher Funke strahlt in dir so wie in keinem anderen Menschen. Und genau so, wie du bist, liebt dich Jesus Christus. So einmalig, wie du bist, kannst du mit Christus und mit Gott in Verbindung sein. Jesus hat die Kinder lieb!

Frohe Ostern, liebe Kinder!

Auf Ostern freut ihr euch auch immer, fast genau so wie auf Weihnachten. Um Ostern herum fängt der Frühling an. Die ersten Blumen blühen im Garten. Wir liebten immer die Leberblümchen im Wald und warteten dann auch schon auf die Schlüsselblumen. Vielleicht hat Mama schon eine Schale mit Frühblühern gekauft und ins Wohnzimmer gestellt, weil es draußen noch ein bisschen zu kalt ist. Aber ein paar Krokusse blühen im Garten schon. In manchen Jahren, wenn Ostern spät ist, blühen sogar schon die Osterglocken, die haben ja auch ihren Namen von diesem schönen Fest.

Ostern fällt nämlich in jedem Jahr auf ein anderes Datum. Ostern ist immer ein Sonntag. Es ist der erste Sonntag nach dem Frühlingsvollmond. Das Fest richtet sich also nach dem Mond. Das kommt daher, weil Ostern schon ein uraltes Fest ist. Es ist viel älter als das Christentum. Man hat Ostern schon gefeiert, als Herr Jesus noch gar nicht auf der Erde war. Damals gab es viele Feste, die sich nach der Sonne oder nach dem Mond richteten.

Ostern war ein Frühlingsfest, und das ist es eigentlich immer noch! Die Menschen begrüßten den Frühling. Sie waren so glücklich, dass es nach dem Winter wieder wärmer wurde und dass alles wieder anfing zu wachsen.

Wir können uns heute gar nicht mehr so richtig vorstellen, was das für die Menschen früher bedeutete. Sie hatten keine Elektrizität und keine Zentralheizung. Sie mussten Feuer in den Öfen anzünden und Kerzen anstecken. Dabei waren die meisten Häuser aus Holz und hatten Strohdächer. Wie leicht konnte das anfangen zu brennen! Und die armen Leute hatten oft nicht genug Holz. Sie mussten im Winter frieren.

Es gab auch noch keinen Gefrierschrank und kein Obst und Gemüse aus wärmeren Ländern. So freute man sich auf den ersten Salat, auf den ersten Schnittlauch und natürlich auf Eier. Wisst ihr, dass Hühner früher im Winter keine Eier gelegt haben? Das habe ich sogar noch erlebt. Die beleuchteten Ställe, in denen die Hühner nicht merken, ob Sommer oder Winter ist, gibt es noch gar nicht so lange. Andere Vögel legen im Winter auch keine Eier! Genauso haben es auch die Hühner früher nicht getan.

Im Frühling haben sich die Menschen früher so darüber gefreut, dass es endlich wieder genug Eier gegeben hat, dass sie ein Frühlingsfest mit Eiern gefeiert haben. Ein Ei bedeutet doch auch, dass wieder neues Leben entsteht. Du weißt, sogar wir Menschen wachsen in einem Ei heran, wenn auch gut geborgen im Bauch der Mutter, wie bei den Säugetieren, zum Beispiel bei den Hasen. Die sah man im Frühling auch wieder überall auf den Wiesen und Feldern. Und sie haben dann auch ihre Jungen. So kam die Geschichte mit dem Osterhasen. Es ist doch toll, dass der uns die Ostereier schenkt!

Es gibt heute noch in manchen Dörfern Eierwettläufe und andere Eierspiele. Die Menschen schmücken das Dorf mit angemalten Eiern. Malst du auch gern ausgepustete Eier an? In den letzten Jahren kann man auch Plastikeier zum Schmücken der Gartenbäume kaufen. Die gehen im Wind nicht so leicht kaputt wie echte, ausgepustete Eier.

Das Schönste ist für uns alle natürlich das Ostereiersuchen. Früher waren es immer gefärbte Hühnereier. Dann kamen die Schokoladeneier dazu und andere süße Ostereier. Jetzt sind wir sogar so verwöhnt, dass es kleine Geschenke in Pappeiern gibt.

Manche Eltern schenken ihren Kindern auch andere große Geschenke zu Ostern. Ich finde das ein bisschen schade, weil man dabei verlernt, sich über die kleinen Dinge zu freuen. Und die eigentliche Freude soll doch über den neuen Frühling sein.

Man sagt, das mit den Ostereiern sei ein heidnischer Brauch. Damit meint man, das machen wir schon so lange, diese Feier stammt schon aus der Zeit der Heiden. So nannten die Christen früher die Menschen, die noch nichts von Jesus Christus gehört hatten.

Es gibt noch andere heidnische Osterbräuche, zum Beispiel das Osterfeuer. Geht ihr zum Osterfeuer? So ein großes Feuer ist etwas Wunderbares. Es verbreitet ein schönes, flackerndes Licht und ganz viel Wärme. Wenn du zuschaust, wird dein Gesicht glühend. Dann drehst du dich um und hältst deinen Rücken zum Feuer, und er wird ganz warm. Gemütlich, wenn die Luft eigentlich noch kalt ist!

Das Osterfeuer war ein Freudenfeuer. Man zündete es aus Freude an, weil nun bald wieder alles richtig wuchs. Man konnte auch verbrennen, was man im Garten abgeschnitten hatte, denn nun wurde es bald wieder neu. Man dachte sich auch dabei, dass man alles Böse und Angstmachende mit verbrannte, was man im dunklen Winter vielleicht gefürchtet hatte, die ganze Not, den Kummer und die Sorgen. Es gab viel Angst vor Hunger, vor Krankheiten und Naturgewalten. Es gab auch Angst vor bösen Geistern. Das kennst du zum Glück alles nicht mehr. Das Osterfeuer sollte zeigen, dass jetzt das Licht wieder über die Dunkelheit siegte.

Heute gibt es auch viele Ängste. Aber wenn wir am Osterfeuer stehen, denken wir nicht daran und freuen uns einfach am Prasseln der Flammen und ihrem hellen Schein.

Es gibt noch mehr geheimnisvolle Osterbräuche, zum Beispiel das Osterwasser. Diesen Brauch habe ich in Waake noch erlebt. Man meinte, in der Osternacht wäre das Wasser der Quellen und kleinen Bäche besonders heilig. Man glaubte früher noch daran, dass im Frühling auch die Elfen und Quellennymphen wieder erwachen. Ich habe dir ja von ihnen erzählt.

Man holte sich das Wasser in Kannen und trank es oder wusch sich darin.

Bei einem Singkurs über Ostern habe ich als ganz junge Frau einmal eine alte Dame kennen gelernt, die an diese Dinge glaubte. Jedenfalls wollte sie unbedingt ein Osterbad in einem Bach im Wald nehmen. Sie überredete mich mitzukommen. Ich fand es ein bisschen komisch, aber auch interessant. Wir waren warm angezogen und hatten Handtücher dabei. „Man muss bei Sonnenaufgang in den Bach steigen!“, hatte sie gesagt. Ach ja, und was auch sehr wichtig war, man musste während dieser ganzen Sache schweigen.

Es war noch dämmerig, als wir loszogen, und ziemlich kalt. Aber die Vögel sangen herrlich, als wir den Wald betraten. Der Bach murmelte vor sich hin. Und wir sprachen nicht miteinander. Wir lauschten nur der erwachenden Natur.

Als wir dann meinten, die Sonne würde bald aufgehen, zogen wir uns aus und wateten in den Bach. Wir suchten sogar eine Stelle, wo wir ein bisschen untertauchen konnten. Nicht mit dem Kopf natürlich! Es war sowieso lausig kalt. Aber ich machte es mit. Als ich dann kurz im Bach saß, kam ein Vögelchen auf mich zu gepflogen und stieg dann kurz vor mir auf. Ich trocknete mich schnell ab und zog mich wieder an. Wir gingen zurück und wünschten uns gegenseitig ein frohes Osterfest. Wir waren auch beim Gehen wieder warm geworden. Eigentlich war ich erstaunt, dass ich mich nicht erkältet hatte. Aber irgendwie war es wunderbar. Ich weiß selbst nicht warum. Nie werde ich den kleinen Vogel vergessen, der da auf mich zu geflogen kam.

Später, als meine Tochter Anna vier oder fünf Jahre alt war, habe ich mit ihr mal so einen Ostermorgenspaziergang gemacht. Dabei haben wir auch nicht gesprochen und haben nur auf die Natur gelauscht. Als es anfing, hell zu werden, sind wir mit den Füßen in den Bach gestiegen. Ich weiß nicht, ob Anna sich wohl noch daran erinnert.

All diese Bräuche feierten die Natur und ihre Auferstehung im Frühling. Jedes kleine Osterei bedeutet auch heute noch: Die Natur erwacht aus ihrem Todesschlaf, sie ersteht wieder neu: Auferstehung!

So ist es ganz logisch, dass die ersten Christen ihr Auferstehungsfest auf das uralte Osterfest legten. Sie wollten die Auferstehung ihres Herrn Jesus Christus vom Tode feiern.

Wenn ich mit meinen Schulkindern im Religionsunterricht das Osterfest durchnehme und feiere, dann haben wir vorher über den Tod von Jesus gesprochen. In fast jeder Kirche hängt ein Kreuz mit dem Körper von Jesus Christus. So ein Kreuz muss man sich natürlich genau anschauen, wenn man diesen Tod verstehen will. Das haben wir auch immer getan, und die Kinder fanden den Tod von Jesus ganz schrecklich. Warum haben die Menschen etwas so Schlimmes mit Jesus gemacht? Das ist doch eigentlich nicht zu begreifen! Er hat doch immer für alle Menschen Gutes gewollt und getan. Aber die Menschen haben zu allen Zeiten erlebt, was es für schreckliche Dinge gibt und wie auch die Menschen sich untereinander so viel Böses antun. Für viele Menschen war es vielleicht ein Trost zu wissen, dass auch Jesus so leiden musste, als er hier bei uns auf der Erde war.

Manche Kinder sagen: „Er ist für uns gestorben!“ Sie haben es gehört. Verstehen kann man es nur schwer. Aber etwas können wir verstehen: Auf dieser Erde müssen viele Menschen leiden. Jesus ist zu uns gekommen, um den Menschen zu helfen. Er wollte ganz nah bei uns sein, auch bei den Leidenden. Und deswegen hat er auch das Leiden mitgemacht.

Wenn ich mit den Kindern das Leiden am Kreuz anschaue, dann haben wir uns vorher schon etwas überlegt: Unser Herr Jesus ist wieder auferstanden! Das ist ein großes Geheimnis. Auch das ist eigentlich kaum zu verstehen. Aber wenn wir das wissen, dann können wir besser bei dem Leiden hinschauen.

Viele Kinder sind traurig, dass Jesus etwas so Entsetzliches erleben musste. Ein bisschen fühlen sie dann ihr eigenes Leid mit. Es gibt Kinder, die selbst ein schweres Schicksal haben. Aber manche fühlen auch mit einem anderen Menschen mit, von dem sie wissen, dass er es schwer hat.

Wenn wir uns so ein Sterbebild von Jesus Christus angeschaut haben, dann wollten es die meisten Kinder auch selbst malen, vielleicht um es besser zu verstehen. Es hilft, das Leid mitzufühlen. Manche möchten es aber nicht so deutlich miterleben. Es wird ihnen zu viel.

Deswegen verteile ich im ersten Schuljahr immer ein Arbeitsblatt, wie du es hier siehst. Aus diesem Kreuz machen wir dann ein Osterkreuz. Wir schmücken es mit Blumen und Ostereiern, manchmal sitzt der Osterhase darunter. Manchmal ist das Kreuz auch mit bunten Mustern geschmückt. Manche Kinder malen auch lauter blühende Ranken an das Kreuz, dann sieht es fast aus wie ein Baum. Die Erwachsenen nennen das einen Lebensbaum: Das tote Holz ist wieder zum Leben erwacht. So haben auch wir die Auferstehung gemalt.

Bei jedem Kind sieht das Osterkreuz ganz wunderbar aus. Einige kommen immer und fragen, ob sie noch eins haben dürfen für zu Hause oder gleich nach dem ersten noch mal, weil es ihnen so eine Freude macht, das Passionskreuz in ein Osterkreuz zu verwandeln. Wenn du Lust hast, kannst du es auch machen. Wenn alle Kinder fertig sind, zeigen sie sich gegenseitig ihre Kreuze und sagen sich gegenseitig, wie toll sie geworden sind.

Bevor wir das Osterkreuz fertig malen, habe ich den Kindern natürlich die Ostergeschichte erzählt, das Osterevangelium. Es gibt ein großes altes Bild in einem Altar, das ist ganz berühmt. Es ist von Matthias Grünewald. Das hatten wir als ganz großes Bild in der Schule. Die Kinder haben immer ganz ruhig vor diesem Bild gesessen und gestaunt, wie dieser mittelalterliche Maler sich das mit der Auferstehung vorgestellt hatte. Wie der Stein vom Grab weg ist und unten die erschrockenen Soldaten liegen, starr vor Schreck, weil sie das ganze Licht nicht begreifen können, das von dem auferstandenen Jesus Christus ausgeht. Einen riesigen Heiligenschein hat Matthias Grünewald um Jesus gemalt. Man sieht noch seine Wunden. Aber man sieht auch, dass er ein göttliches Wesen ist.

So hat es Matthias Grünewald für uns dargestellt. In Wirklichkeit hat das natürlich niemand gesehen. In der Bibel wird nur erzählt, dass der Stein weg war und dass die Soldaten, die das Grab bewachen mussten, vor Schreck in die Stadt flüchteten.

Die eigentliche Ostergeschichte erzählt, wie die Jünger das Grab leer finden und ihnen Engel sagen, dass Jesus auferstanden ist. Die wichtigste Person ist dabei eine Jüngerin. Sie heißt Maria Magdalena. Sie hatte Jesus besonders lieb und ist mit ihm durchs Land gezogen, wenn er zu den Menschen von Gott sprach. Jesus hatte sie von einer schrecklichen Angstkrankheit erlöst. Sie konnte sich ein Leben ohne ihren Meister gar nicht vorstellen. Sie stand auch am Kreuz, als Jesus so leiden musste, und hat alles miterlebt. Die anderen Jünger waren vor Angst und Schrecken geflohen.

Nun wollte sie am Morgen mit einigen anderen Frauen das Grab ihres Herrn besuchen. In der damaligen Zeit salbte man in Israel seine Toten mit einem besonderen Öl ein. Sie hatten so ein Salböl hergestellt: Da mussten verschiedene Kräuter hinein, das wussten die Frauen, weil man es immer so machte.

Als sie nun unterwegs waren, überlegten sie, wer ihnen wohl helfen könnte, den schweren Stein wegzuwälzen. Aber als sie hinkamen, sahen sie, dass er nicht mehr vor dem Grabeingang lag. Das Grab war leer, und ein Engel erklärte ihnen, Jesus sei auferstanden. Sie liefen zu den anderen Jüngern, um es ihnen zu erzählen, obwohl sie nicht richtig verstanden, was es bedeutete. Auch andere Jünger kamen und fanden das Grab leer. Maria Madalena war wieder dabei. (Übrigens in jedem der vier Evangelien steht die Geschichte ein bisschen anders. Das kommt daher, weil man alles erst aufgeschrieben hat, als es schon lange her war. Bis dahin hatte man es sich immer nur erzählt. Außerdem hatte es ja jeder Jünger ein bisschen anders erlebt.)

Am schönsten finde ich die Geschichte im Johannesevangelium (Johannes 24): Maria Magdalena war ganz verwirrt. Sie weinte und wusste nicht, was sie nun machen sollte. Sie wollte doch wenigstens den toten Körper von ihrem lieben Meister einbalsamieren. Das war doch das Letzte, was sie für ihn tun konnte. Und dann stand er auf einmal vor ihr. Sie erkannte ihn nicht.

Warum erkannte sie ihn nicht? Hatte sie ihm nicht immer zugehört, für ihn gekocht, mit ihm gegessen, und war durch Dörfer und Städte mit ihm gezogen? Vielleicht war sie in ihrer Trauer so verwirrt. Und außerdem hielt sie es wahrscheinlich gar nicht für möglich, dass er jetzt plötzlich vor ihr stand. Sicher hat sie gar nicht richtig geschaut. Sie dachte, es sei der Gärtner. Sie hatte sich sicher gerade überlegt, dass sie den Gärtner fragen könnte, ob er etwas von dem Körper ihres Herrn Jesus wüsste, und vielleicht, ob er wüsste, was mit dem Grab passiert war.

Aber es war der auferstandene Jesus. Und er sagte: „Was weinst du? Wen suchst du?“ Sie fragte ihn: „Wo hast du ihn hingetragen?“ Aber Herr Jesus sagte nur: „Mirjam!“ So hat Jesus Maria Magdalena immer genannt. Mirjam heißt Maria auf Aramäisch, das ist die Sprache, die Jesus und Maria Magdalena miteinander sprachen.

Als sie nun ihren Namen hörte, erkannte sie ihren Meister. Und sie sagte zu ihm: „Rabuni!“ Das heißt: „Mein lieber Meister!“ Dann wollte sie ihn umarmen oder auf die Knie fallen und seine Beine umfassen. Aber er sagte: „Rühre mich nicht an!“ Das ist nun wieder sehr geheimnisvoll. War er Maria als Geistwesen erschienen? Hatte sie ihn vielleicht auch deswegen nicht erkannt? Später lief sie wieder zu den anderen Jüngern und sagte: „Ich habe den Herrn gesehen!“

Viele Maler haben Maria Magdalena und den auferstandenen Jesus gemalt. Ich liebe besonders ein Bild, das vor langer Zeit in dem Kloster Sant Marco in Florenz in Italien von dem Maler und Mönch Fra Angelico gemalt wurde. Wenn ihr mal nach Florenz fahrt, kannst du es dir dort anschauen zusammen mit anderen wunderbaren Bildern.

Herr Jesus ist auferstanden. Das bedeutet, er ist immer für dich da. Für dich und für die anderen Menschen. Du fühlst seine Anwesenheit tief in dir, in deinem göttlichen Funken.

Liebe Schwester, lieber Bruder!

Das sind wir doch: Schwestern und Brüder, alle von Gott gekommen, alle von einem Vater! Alle Wesen auf dieser Erde sind Geschwister. Vielleicht gibt es noch viel mehr, überall im Weltall, göttliche Funken. Auch Jesus ist unser Bruder. Ich finde das wunderbar!

Es gibt viele sehr schöne Geschichten über Jesus: Wie er den Zöllner Zachäus besucht, den alle nicht mögen, weil er immer zu viel Geld von den Menschen nimmt. Wie er den Sturm auf dem See Genezareth beruhigt, als die Jünger schon denken, sie würden ertrinken. Wie er das tote Mädchen wieder gesund macht. Wie er auf einem Berg so lange predigt, bis die vielen Hunderte von Zuhörern alle hungrig sind. Bis in die Dörfer ist es zu weit. Jesus lässt das bisschen Essen verteilen, das sie noch haben, und plötzlich werden alle satt. Wie er über den See geht und Petrus das auch versuchen will, aber beinahe untergeht, weil er nicht glaubt, dass er es kann. Und immer wieder seine eigenen Erzählungen, seine Worte.

Was sagt er denn? Er sagt: „Habt euch gegenseitig lieb, so wie Gott euch lieb hat!“ Das kommt in allen seinen Geschichten vor. Und er tut es selbst. Er liebt alle. Er hilft allen. Für uns ist es oft schwer. Aber das ist es, was er von uns will: Liebt euch! Vielleicht hilft es uns, daran zu denken, dass er es konnte.

Dass er Menschen heilen konnte, das glauben manche nicht, weil sie es selbst nicht können. Aber Jesus war ja ein besonderer Mensch. Er konnte viel mehr tun als wir einfachen

Menschen. (Und doch gibt es auch andere Menschen, die heilen können. Ärzte ja auch! Aber es gibt noch andere Heiler!) Vielleicht hat Jesus es auch schon in unendlichen Leben gelernt, und dann hat Gott ihn zu uns geschickt und ihm den Auftrag gegeben: „Zeige den Menschen, dass sie sich lieben sollen. Sie leiden so viel! Hilf ihnen!" Und so ist er auf unsere Erde gekommen, um uns Menschen beizubringen, wie wir leben können. Aber wir Menschen kapieren es nicht richtig. Es ist sehr schwierig für uns, weil wir immer so viel an uns selber denken und an Sachen, die in Wahrheit gar nicht so wichtig für uns sind.

Manche versinken dann auch richtig im Bösen. Du hast bestimmt auch schon so schreckliche Dinge gehört, die man gar nicht begreifen kann. Aber auch die kleinen Gemeinheiten können schon ganz schön schlimm sein. Die Menschen vergessen, dass sie ein Geistwesen sind mit einem göttlichen Kern oder einem göttlichen Funken. Sie vergessen es oder denken nicht daran. Oder sie wollen es nicht wissen oder glauben.

Jesus ist zu allen gekommen. Das kann man an der Geschichte von Zachäus, dem Zöllner, sehen. Der hatte viel Böses getan, indem er die Menschen betrog. Aber Jesus kam zu ihm, wie der Hirte das Schäfchen suchte. Er besuchte ihn in seinem Haus. Und auf einmal spürte Zachäus alles von selbst und wollte nicht mehr böse sein. Er gab den Betrogenen das Geld wieder und teilte seinen Reichtum mit den Armen.

So ist Jesus auch heute noch für uns alle da. Er ist auferstanden! Er ist in der geistigen Welt noch immer für uns da. Er liebt uns noch immer. Er führt noch immer Gottes Auftrag aus, sich um uns alle zu kümmern. Wenn du an ihn denkst, kannst du seine Liebe spüren. Du musst dich nur offen halten, einfach zu ihm hinfühlen, dann wirst du es merken.

Manche Menschen glauben, dass Gott immer wieder solche Meister des Lichtes und der Liebe auf die Erde schickt. Viele glauben, dass vor Jesus auch Buddha ein solcher Meister war und dass es auch heute solche Meister gibt. Man kann selber nur erfühlen, was man davon hält. Aber ich glaube schon, dass immer wieder hochentwickelte Wesen auf diese Erde kommen, um den Menschen dabei zu helfen, besser zu verstehen, dass sie selbst ein göttlicher Funke sind.

Zuletzt möchte ich euch noch eine schöne Geschichte von Jesus erzählen, die ich auch ein paarmal mit Schulklassen gespielt habe. Dann musste die Klasse aber ganz lieb und friedlich sein, sonst hätte man die Geschichte nicht verstehen können.

In der Zeit, als Jesus lebte, also ungefähr vor 2000 Jahren, hatten die Menschen noch keine Züge, Autos oder Flugzeuge. Wenn man in Palästina reisen wollte, musste man zu Fuß gehen oder reiten. Wir haben das auch schon bei Marias Reise zu Elisabeth gehört. Auch mit Wagen, vor die man Zugtiere gespannt hatte, war es schwierig, weil es in der Wüstengegend nicht genug gute Straßen gab. Jesus ging mit seinen Jüngern zu Fuß.

Wir kennen auch die Bilder von Maria auf einem Esel. Man kann sich die Reise von Maria und Josef zu der Volkszählung des Kaisers Augustus so vorstellen, mit einem Esel. Maria war ja schwanger. Da hatte Josef vielleicht für einen Esel gesorgt. Ein teures Reittier wie ein Kamel konnte sich ein einfacher Zimmermann wie Josef nicht leisten.

Auch Jesus ist einmal auf einem Esel geritten, nämlich als er kurz vor seinem Tod in die Hauptstadt Jerusalem einzog. Vielleicht kennst du die Geschichte. Er hatte sich den Esel von einem Bauern geborgt, der vor der Stadt lebte. Zwei Jünger mussten ihn abholen. Auf diesem Esel ritt er in die Stadt ein.

Den Menschen kam es so vor, als wenn ein König in die Stadt käme. Sie jubelten ihm zu und legten einen Teppich für ihn aus. Er sollte auf einem Königsteppich in die Stadt reiten. Die Leute, die ihm zujubelten, waren aber alle nicht reich. Sie legten ihre Kleidung vor die Füße seines Esels und Zweige von den Büschen und Bäumen. So feierten sie Jesus. Sie wünschten sich, er würde als König ihr Land von den Römern befreien.

Nicht alle Menschen in dieser jubelnden Menge hatten ihn schon sprechen gehört. Aber ich denke mir, dass er strahlend aussah, dass die Menschen seine Liebe spürten, dass sie merkten: Hier kommt ein ganz besonderer Mensch, ein göttlicher Mensch. Sie wollten alle in seiner Nähe sein, und sie wollten ihn verehren.

Jesus wusste schon, dass er bald hingerichtet würde und dass dann viele von den jubelnden Menschen ihn auch mit verurteilen würden. Aber er war niemandem böse. Er machte es so, wie er es auch von uns will. Er liebte alle diese Menschen, egal, ob sie nun gut oder böse oder unvernünftig waren.

In Jerusalem aßen die Jünger mit ihrem Meister in einem besonderen Raum, der dafür vorbereitet worden war. Hier schenkte Jesus den Menschen auch das Abendmahl, eine Feier, bei der die Menschen ein kleines Stückchen Brot essen und ein Schlückchen Wein aus einem großen Glas trinken. Vielleicht hast du eine solche Feier schon einmal in der Kirche gesehen. Das will ich dir aber nicht erklären, weil ich es noch zu schwierig finde. Die meisten Erwachsenen verstehen das auch nicht richtig.

Ich will dir eine andere Geschichte erzählen, die in diesem Raum passierte, die die Jünger mit ihrem Meister Jesus erlebten.

Nach so langen Wanderungen durch den heißen Sand, wie es die Jünger ja auch wieder hinter sich hatten, konnten einem die Füße ganz schön wehtun. Sie brannten und waren staubig.

Wenn man in ein vornehmes Haus eingeladen wurde, konnte man Glück haben, und es kam ein Diener mit einer Waschschüssel und einem Handtuch und wusch einem die Füße. Oder es wurden Waschschüsseln hereingebracht, damit jeder sich die Füße waschen konnte. Es gab damals meist kein fließendes Wasser in den Häusern, höchstens in den Palästen der Könige oder der ganz vornehmen Römer.

Es war aber auch üblich, dass manchmal der Hausherr einem Gast die Füße wusch. Er wollte ihm dann damit sagen: „Ich ehre dich wie ein Diener seinen Herrn." Oder: „Du bist mein Herr, ich diene dir!"

Was war es für eine Wohltat für die Füße und für den ganzen Körper, die Füße ins Wasser zu halten! Und wie angenehm, wenn man müde von der Reise war, wenn man sich nicht selbst bücken musste, und jemand anderes tat einem diesen freundlichen Dienst.

Vielleicht hatten die Jünger gehofft, als sie müde in den Festraum gekommen waren, jemand würde ein paar Schüsseln mit Wasser bringen. Aber es geschah etwas ganz anderes.

Nach dem Abendessen band Herr Jesus eine Schürze um und begann, seinen Jüngern die Füße zu waschen. Sein Jünger Simon Petrus wollte sich das nicht gefallen lassen. Er meinte, es müsste umgekehrt sein. Er meinte: „Ich bin doch so unbedeutend, wenn ich mich mit meinem Meister vergleiche!" Er meinte: „Ich muss doch ihm dienen und nicht umgekehrt!" Er meinte: „Er ist doch der Herr, und ich bin der Diener!"

Petrus sagte: „Herr, solltest du mir die Füße waschen?" Jesus antwortete: „Du verstehst es jetzt noch nicht! Aber später wirst du es verstehen!" Petrus rief: „Nimmermehr sollst du mir die Füße waschen!" Jesus antwortete: „Wenn ich dich nicht wasche, kannst du nicht zu mir gehören!" Da verstand Petrus, was das Waschen für eine wunderbare Tat war. Er sagte: „Dann wasche mir nicht nur die Füße, sondern auch die Hände und das Gesicht!" Aber Jesus antwortete: „Es genügt, wenn ich dir die Füße wasche. Denn wenn ich dich wasche, dann bist du ganz rein!"

Er sagte seinen Jüngern damit, dass dieses Waschen eine symbolische Handlung war. Symbolisch, das heißt, es bedeutet etwas Besonderes. Fällt dir etwas ein, was das Waschen bedeuten könnte? Vielleicht dass alles Böse abgewaschen wird, alles Unschöne, alle Angst, alle Sorge. Diese Bedeutung hat das Wasser ja auch bei der Taufe. „Du bist rein!" Das bedeutet auch: „Du gehörst zu Gott!"

Aber Jesus möchte seinen Jüngern noch etwas sagen. Er will ihnen ein Beispiel sein. Er sagt: „Wenn nun ich, euer Herr und Meister, euch die Füße gewaschen habe, so sollt auch ihr euch untereinander die Füße waschen. Ein Beispiel habe ich euch gegeben, damit ihr tut, wie ich euch getan habe!"

Genauso steht es in der Bibel. Ihr könnt es nachlesen. Es steht im Johannesevangelium 13, Vers 14 und 15. Da könnt ihr auch die ganze Geschichte nachlesen. Sie ist nicht zu schwierig, finde ich.

Jesus will, dass wir uns gegenseitig dienen. Und er sagt, dass wir selig sind, wenn wir es tun. Das heißt, dass wir uns einfach gut fühlen, wenn wir jemandem helfen. Du kannst es selbst sofort ausprobieren.

In der Schule wollten wir auch so eine symbolische Handlung machen. Das muss ich euch noch erzählen.

Wir haben dafür zwei Schulstunden an zwei verschiedenen Tagen gebraucht, weil ich finde, dass es wichtig ist, immer wieder über das Wasser nachzudenken. Man kann sich an einen Bach oder einen Teich setzen und darüber nachdenken, was Wasser für uns Menschen bedeutet. In der Klasse muss man es anders machen. Man könnte sich um ein schönes Wasserbild herum setzen. Aber ich wollte es mit echtem Wasser machen, weil ja hinterher die Handlung mit dem Waschen kommen sollte.

Wir setzten uns also in den Kissenkreis. In der Mitte lagen einige blaue Tücher. Da wussten die Kinder gleich, dass etwas mit Wasser oder mit Himmel kam. Aber wir hatten ja vorher die Fußwaschungsgeschichte gehört: also mit Wasser. Gemeinsam haben wir mit den verschiedenen Blautönen eine Mitte gestaltet.

Dabei muss jeder mal drankommen. Immer drei oder vier Kinder arbeiten mit einem Tuch. Die anderen schauen still zu. Man kann auch ein Lied dabei singen oder summen. Zuletzt überlegen wir, ob wir noch etwas ändern wollen. Dann wird noch ein bisschen hier und da gezupft, bis alle finden: „Dies ist eine wunderschöne Wassermitte!" Einige Kinder, die immer noch nicht drangekommen sind, bekommen von mir noch ein paar blaue oder durchsichtige Perlen oder Kugeln. Die werden dann noch als Tropfen verteilt. Auch das schauen wir uns erst an und verbessern es noch, bis es uns allen gefällt. Dabei werden wir dann immer ruhiger.

Nun stellte ich meine Wasserschüssel in die Mitte. Ich habe eine schöne, durchsichtige Schüssel, die hatte ich ganz mit Wasser gefüllt. Um das Wasser noch sichtbarer werden zu lassen, ließ ich ein paar kleine Blüten und Blättchen darin schwimmen. „Oh, sieht das alles schön aus!" Ja, Schönheit tut unseren Augen gut. Wir müssen uns das immer mal gönnen, auch und besonders in der Schule.

Jetzt wollten wir darüber nachdenken, wo Wasser wichtig ist und was es bedeutet. Denk selber einmal darüber nach.

Wir haben es so gemacht, dass die Kinder, die etwas sagen wollten, sich still gemeldet haben. Ein Kind hat angefangen und etwas gesagt und danach eins von den anderen Kindern drangenommen. Wir haben so lange geredet, bis niemandem mehr etwas eingefallen ist. Da war schon fast die ganze Stunde herum.

Hier habe ich mal eine Liste davon gemacht. Aber du brauchst sie nicht zu lesen, wenn dir selbst schon ganz viel eingefallen ist.

- Die Flüsse, Bäche, Teiche sind so schön!
- Der Regen!
- Die Wolken!

- Die Wärme der Sonne zieht das Wasser nach oben!
- Der Kreislauf des Wassers!
- Ohne Trinken müssten wir sterben!
- Alle Lebewesen brauchen Wasser!
- Ohne Wasser gäbe es auf dieser Erde kein Leben!
- Das Wasser des Lebens!
- Wir waschen uns!
- Wir putzen uns die Zähne!
- Wir baden und planschen im Meer, im See, im Freibad, in der Wanne!
- Wasser bringt Freude!
- Duschen! Spritzen!
- Ich spritze den Garten!
- Ich spritze meine Schwester!
- Wasserbomben! Ich hab noch ein paar Luftballons vom Fasching!
- Ich begieße die Blumen!
- Ich mag die Fische so gern!
- Und die anderen Wassertiere!
- Unser Körper besteht aus ganz viel Wasser!
- Ich mag Skifahren so gern! Schnee ist doch auch Wasser!
- Früher mussten die Menschen das Wasser vom Brunnen holen!
- Ich bin schon mal in einem Bach gewatet. Das fühlte sich so toll an!
- Wasser ist erfrischend!
- Die Menschen in der Wüste, die kein Wasser mehr haben, glauben manchmal, sie sehen Wasser, und dann ist es nur eine Luftspiegelung. Das nennt man Fata Morgana.
- Hochwasser
- Überschwemmungen
- Das ganze Leben auf dieser Erde hat zuerst im Wasser angefangen!
- Wasser ist heilig!

– Die Menschen verschmutzen das Wasser!
– Die Menschen verbrauchen auch oft viel zu viel Wasser.
– Das Taufwasser!
– Herr Jesus wurde im Jordan getauft!
– Als meine kleine Schwester getauft wurde, durfte ich die Taufkerze halten. Ich habe ganz genau gesehen, wie der Pastor das Wasser über ihren Kopf getan hat. Und sie hat gar nicht geschrien.
– Wir haben ein Aquarium. Das schaue ich mir so gern an!
– Und die Seehunde im Zoo! Das finde ich im Zoo immer am schönsten!
– In unserer Kirche ist neben der Tür so ein Becken, da taucht man die Hand rein und bekreuzigt sich.
– Bei uns ist das nicht!
– In unserer Kirche wird das Taufwasser mit einer silbernen Kanne in das Taufbecken gegossen!
– Ich habe auch eine Taufe gesehen!
– Herr Jesus war immer am See Genezareth!
– Und manche Jünger von Jesus waren Fischer!
– Einmal hat Herr Jesus den Sturm gestillt. Wisst ihr noch? Wir haben das gemalt, im 1. Schuljahr!
– Und einmal ist er über den See gegangen. Da wäre Petrus beinahe abgesoffen, weil er es nachmachen wollte.
– Und Jona, der im Fischbauch! Das haben wir doch gespielt.
– Ja, er wollte vor Gott weglaufen!
– Und das Wasser in der Taufe bedeutet, dass alles Böse abgewaschen wird.
– Die Arche Noah gehört auch dazu!
– Die Muslime müssen sich vor dem Beten immer waschen!
– Wir waschen uns vor dem Essen immer die Hände.

Habe ich noch etwas vergessen? Euch fällt bestimmt noch etwas ein. Die große Bedeutung von Wasser für uns Menschen und auch für unseren Glauben!

Ich konnte in der Stunde mit den Kindern nur noch besprechen, wie wir in der nächsten Reli-Stunde die Geschichte mit der Fußwaschung erleben wollten. Den Kindern war schon klar, dass das mit dem Füßewaschen im Klassenraum schwierig werden würde. Das würde eine viel zu große Plemperei werden. Es würde auch zu lange dauern und zu laut werden. Manche würden es auch nicht mögen. Es würde auch nicht feierlich sein, weil einige bestimmt albern werden würden. Und wir wollten es ja feiern, dass Jesus den Jüngern die Füße wusch!

„Vielleicht nur zwei!", schlug ein Kind vor. Aber das fanden die meisten nicht so gut. Jeder wollte das ja erleben. Nun erzählte ich den Kindern, dass ich mal gehört hatte, man könnte das mit Händewaschen machen. Sie fanden es erst ein bisschen witzig.

Aber dann ließ ich sie die Augen zumachen und sich vorstellen, dass sie noch klein waren. Dann sollten sie ihre Hände fühlen und dann sollten sie sich vorstellen, wie Mama ihnen damals die Hände gewaschen hatte. Nach einer Weile sagte Nils: „Ich wasche manchmal meiner kleinen Schwester die Hände. Und das fühlt sich auch so niedlich an!" Ja, diese Zärtlichkeit wollte ich gerne dabei haben. Danke, Nils!

Nun konnten wir uns auf die nächste Reli-Stunde freuen. Die blaue Mitte blieb in der Zwischenzeit auf dem Teppich in der Klasse liegen und zeigte unsere Vorfreude.

Dann hatte ich die Schüssel neu mit Wasser gefüllt, nicht so voll wie vorher. Wir mussten sie ja gut tragen können. Neben ihr lagen nun meine blauen Gästehandtücher. Wir begannen mit einer Runde, in der jeder eine wichtige Sache zum Thema Wasser sagte. Dann erinnerten wir uns an die Geschichte, wie Jesus seinen Jüngern die Füße wusch. Auch das Wichtigste wurde noch einmal angesprochen: „Ein Beispiel habe ich euch gegeben, damit ihr tut, wie ich euch getan habe!", das hat Jesus zu den Jüngern gesagt. Um etwas Ähnliches zu erleben, wollten wir uns nun ja gegenseitig die Hände waschen.

Wir besprachen, wie wir es machen wollten und was jeder dabei sagen sollte. Wir nahmen uns auch vor, ganz leise dabei zu sein, weil wir sonst das Geschehen nicht richtig erleben würden. Das war besonders wichtig für die beiden, die gerade dran waren. Aber es war auch wichtig für die anderen, dass sie diese beiden Kinder begleiteten. Ich sagte ihnen: „Schaut die beiden an. Vielleicht könnt ihr etwas von ihrem göttlichen Kern sehen!“

Ich habe den ganzen Kreis dann noch einmal gefragt, ob wir das wirklich machen wollten, weil es ja nur Sinn hatte, wenn wir dabei aufmerksam und still blieben.

Dann habe ich meinem Nachbarkind die Hände gewaschen und dabei gesagt: „Jesus hat seinen Jüngern die Füße gewaschen. Ich wasche deine Hände, damit wir ganz nah bei Jesus sind!“ Dann haben wir uns gegenseitig dabei geholfen, uns die Hände abzutrocknen. Mein Nachbarkind hat die Schüssel weitergerückt, dem nächsten Kind die Hände gewaschen und dabei gesagt: „Jesus hat seinen Jüngern die Füße gewaschen. Ich wasche deine Hände, damit wir ganz nah bei Jesus sind!“ Und so ging es immer weiter.

Immer nach vier bis sechs Kindern nahm ich die Schüssel und wechselte das Wasser. Dann waren die beiden noch mit dem Abtrocknen beschäftigt. Auch die Handtücher wurden gewechselt, wenn sie zu nass waren. Ich hatte genug hingelegt. Zwischendurch haben wir mal ein Lied gesummt. Der Lehrerin muss immer etwas einfallen, wenn sie merkt, dass einige Kinder die Ruhe und das Ruhigsein nicht mehr aushalten können. Aber wir hatten uns diese Sache ja vorgenommen. Wir hatten uns auch vorgenommen, gut hinzufühlen, wie es ist, wenn uns jemand so liebevoll behandelt.

Meine letzte 4. Klasse war eine so gute Klassengemeinschaft, dass sich das gegenseitige Waschen richtig gut anfühlte. Wir haben natürlich hinterher wieder eine Runde gemacht, in der jeder zu erzählen versuchte, wie es für ihn war. Alle waren sehr zufrieden und konnten verstehen, was Jesus gemeint hatte, als er sagte, wir sollten uns gegenseitig so etwas tun, wie er es tat.

In einer anderen Klasse, in der sich nicht alle Kinder so gut verstanden, hatte ich das Problem, dass viele nur mit bestimmten Kindern dieses Waschen machen wollten. Es gab eine richtige Zankerei. Ich musste die Kinder noch einmal fragen, ob sie dieses ernste Spiel wirklich wollten. Aber sie wollten es doch sehr gern. Wir einigten uns auf eine Sitzordnung. Es dauerte ziemlich lange, bis alle zufrieden waren. Zum Glück erlebten wir dieses Problem schon in der ersten der beiden Schulstunden, sonst wäre sicher alles geplatzt. Und dann wurde es doch sehr schön, das konnte ich an der Stille und in der Schlussrunde merken.

Jesus möchte, dass wir uns gegenseitig mit Liebe und Achtung behandeln. Und das zeigt uns die Geschichte von der Fußwaschung so gut.

Notizen:

Unsere feinstofflichen Körper und die Chakras

Liebe Eltern!

Ich möchte Ihrem Kind jetzt etwas über die unsichtbaren Anteile seines irdischen Körpers erklären. An dieser Stelle möchte ich Sie daran erinnern, dass es einige Kinder gibt, die wesentlich mehr wahrnehmen als fast alle Erwachsenen. Ich habe schon im Brief an die Kinder über Engel darauf hingewiesen. Wenn Sie ein solches Kind haben sollten, dann gehen Sie bitte besonders vorsichtig mit ihm um! Reden Sie ihm bitte nicht das aus, was es sieht, sonst würde es sehr verwirrt sein, und das kann zu großen Schäden führen. Ein Kind mit einer solchen Begabung muss im Laufe seines Lebens lernen, zu unterscheiden zwischen dem, was alle Menschen sehen oder hören, und dem, was es zusätzlich wahrnimmt. Als Eltern eines so wunderbar begabten Kindes sollten Sie sich mit diesem Thema besonders auseinandersetzen. Es gibt heute Bücher, auch über die Hellsichtigkeit von Kindern. Sicher würde es Ihnen helfen, sich mit jemandem zu beraten, der Erfahrung auf diesem Gebiet hat. Viele Kinder verlieren ihre Hellsichtigkeit. Vielleicht war es bei Ihnen auch so?

Zu diesem Kapitel möchte ich Ihnen ansonsten vorher nicht viel erzählen, denn Sie können heute in jeder Buchhandlung mit einer spirituellen Abteilung Bücher darüber finden. Es ist sehr spannend, wenn Sie sich in der Buchhandlung vor ein Regal stellen und sich darauf einlassen, was heute auf Sie zukommt.

Man kann natürlich auch systematisch nach Informationen über ein Thema suchen.

Auch hier wieder möchte ich Ihrem Kind nur das erklären, was es meiner Meinung nach schon verstehen und nachvollziehen kann, auch wenn es nicht zu den seltenen Menschen gehört, die diese Dinge selbst wahrnehmen. Ich werde von der Aura und von den Chakras erzählen.

Liebes Wesen!

Am Anfang des Buches habe ich dir davon erzählt, wie du mit Hilfe deiner Eltern auf diese Erde gekommen bist und wie du deinen Körper aufgebaut hast mit den Genen deiner Eltern, sodass alles genau richtig ist für das, was du in diesem Leben erfahren möchtest. Dein ganzer sichtbarer Körper ist genau richtig für dich aufgebaut.

Vielleicht ärgerst du dich, dass du etwas nicht so gut kannst wie andere. Vielleicht hast du sogar ein körperliches Problem, du kannst nicht gut hören oder sehen. Oder es ist irgendetwas anderes schwierig mit dir. Wir haben schon darüber nachgedacht. Erinnere dich daran, gerade das hast du dir selbst so eingerichtet, weil du etwas ganz Bestimmtes damit lernen wolltest. Manche Menschen haben sich da sehr schwierige Aufgaben vorgenommen.

Vielleicht hat dein Körper aber auch großartige Möglichkeiten. Vielleicht kannst du leicht Gedichte lernen und später auch Sprachen. Oder du bist super im Sport, du spielst schon längst im Fußballverein oder reitest schon gekonnt. Überleg einmal, was du besonders gut kannst!

Und doch hängt das nicht alles nur von deinem sichtbaren Körper ab, deinen Muskeln, deinen Nerven usw. Deine Person, wie du hier auf dieser Erde herumläufst, hat auch unsichtbare Anteile, die bei dem Geschehen auf dieser Erde mitwirken.

Natürlich sieht man auch deine Nerven nicht einfach so. Aber sie gehören doch zu deinem sichtbaren Körper. Auch das Gehirn gehört dazu, klar! Und das ist ein ganz wunderbares, feines Instrument. Es registriert alles, was du tust und denkst und fühlst, siehst, hörst und schmeckst. Es verarbeitet alles, ordnet es und speichert es ab, wie ein Computer. So einen guten Computer haben die Menschen aber natürlich noch nicht erfunden. Mit deinem Gehirn steuerst du dein Leben. Stress hat mit deinem Gehirn zu tun und auch, wie du mit Stress umgehst. Es gibt Forscher, die ihr Leben lang nur über das Gehirn forschen. Trotzdem haben sie noch nicht alles herausgefunden. Man weiß aber, dass es zwei Gehirnhälften gibt, die gut miteinander arbeiten müssen. Man könnte sehr viel über das Gehirn erzählen und über die Nervenbahnen, die den ganzen Körper mit dem Gehirn verbinden. Es gibt auch noch die Hormone und andere Wirkstoffe, die in der Blutbahn verbreitet werden. Sie bewirken auch ganz viel in deinem Körper. Sie werden in den sogenannten Drüsen hergestellt.

Ich könnte jetzt immer weiter über den Körper schreiben. Aber das will ich nicht tun. Ich rate dir wirklich, dir ein Buch über deinen Körper anzuschauen. Wenn du noch keins hast, musst du dir unbedingt eins wünschen. Es ist wirklich eine spannende Sache zu erfahren, wie der eigene Körper funktioniert. Es gibt auch für dein Alter gute Bücher darüber, die du schon verstehen kannst. Meistens haben sie auch Bilder, die dir beim Verstehen helfen. Außerdem kannst du immer deine Eltern fragen. Sie finden es sicher interessant, das mit dir zusammen durchzugehen. Vielleicht wissen sie selbst noch nicht alles, weil durch die Forschung immer neues Wissen dazukommt.

Ja, du hast auch einen unsichtbaren Körper! Vielleicht würdest du ihn als deine Seele bezeichnen. Es kommt darauf an, was man gerade meint. Manche Menschen glauben sogar, dass es mehrere unsichtbare Körper sind, die sich sozusagen durchdringen. Man könnte sagen, dass diese Körper aus Energien bestehen, aus Schwingungen, so wie Licht und Wärme.

Schau dir einmal eine brennende Kerze an! Rings um den Docht siehst du die Flamme. Sie bewegt sich beim leisesten Lufthauch. Ihre Farben sind unterschiedlich: rot, orange, unten bläulich. Rings um die Flamme ist noch ein Lichtfeld sichtbar. Es ist größer als die Flamme. Aber da ist außerdem noch ein Wärmefeld. Das ist wieder größer als der Lichtschein, den du siehst. Du kannst es fühlen, wenn du vorsichtig mit der Hand näher gehst. Dieses Wärmefeld durchdringt das Lichtfeld. Und das Lichtfeld durchdringt das Wärmefeld.

Es gibt auch noch ein weiter reichendes Lichtfeld. Du bemerkst es gar nicht, wenn du die Kerze anschaust. Aber es ist doch da. Wenn du eine Kerze im Dunkeln anzündest, macht sie ja die Umgebung sichtbar, auch da, wo man von dem Licht selbst gar nichts mehr sieht. Das Licht fällt auf einen Gegenstand, zum Beispiel auf den Keks, der in der Schale auf dem Tisch steht, und macht ihn sichtbar. Es macht natürlich auch die Schale und den Tisch sichtbar, und deine Hand, wenn du dir den Keks nimmst. Die Wärme einer Kerze nimmt dagegen sehr schnell ab.

So durchdringen sich die verschiedenen Energiefelder und wirken auch auf die Umgebung. Wenn die Heizung an ist, wird ja auch dein Stuhl davon warm.

Nun kannst du dir deinen unsichtbaren Körper vorstellen. Er besteht aus verschiedenen Energiefeldern, die sich gegenseitig durchdringen. Dein sichtbarer Körper ist nicht so groß wie die unsichtbaren Energiefelder. Deswegen reichen die unsichtbaren Kraftfelder über deinen sichtbaren Körper hinaus, sie umgeben dich. Wenn du dich bewegst, bewegt sich nicht nur dein sichtbarer Körper, sondern dein ganzes Wesen mit deinen unsichtbaren Kraftfeldern.

Es gibt Menschen, die diese Energiefelder sehen können. Sie erzählen, dass sie unterschiedliche Farben erkennen. Viele sehen besonders die Teile der Felder, die über den für uns sichtbaren Körper hinausstrahlen, weil sie ja größer sind als er. Man nennt den für die meisten Menschen unsichtbaren Rand, der den festen Körper umgibt, Aura. Manchmal reicht er ganz weit über den festen Körper hinaus. (So wie die Kinder die von Jesus ausgehenden Strahlen gemalt haben!)

Ich kann leider die Aura nicht sehen. Aber vielleicht kannst du es. Dann kannst du selbst überprüfen, ob ich diese Dinge gut beschreibe. Ich habe mich in Büchern informiert. Ein bisschen kann ich davon aber spüren.

Alle Lebewesen haben eine Aura. Wenn du zum Beispiel unter einen Baum gehst, dann kommst du in die Aura des Baumes. Deine Aura und die Aura des Baumes durchdringen sich dann, wie du ja auch mit deinem festen Körper in die Aura des Baumes hineingehst. So wie das Licht von zwei Kerzen sich vermischt, wenn sie dicht genug nebeneinander sind! Wenn du einen Baum ganz gut kennst, hast du vielleicht ein angenehmes Gefühl dabei, auch wenn du auf deinem Lieblingspferd sitzt oder dein Hund auf dich zukommt. Wenn du ein Lebewesen nicht magst, vielleicht sogar Angst hast, dann spürst du seine Nähe auch als unangenehm. Das kann schon mit dem Aussehen oder Geruch etwas zu tun haben. Aber es ist auch eine Wirkung der unsichtbaren Körper, die sich durchdringen.

Dein Geistwesen wohnt in deinem sichtbaren und in deinem unsichtbaren Körper. Das hast du jetzt schon verstanden.Wenn du schläfst, dann kann sich dein Geistwesen in einem der unsichtbaren Körper vom festen Körper lösen und sich durch alle möglichen Welten bewegen. Es bleibt aber durch eine Art Schnur mit dem festen Körper verbunden. Das ist natürlich ein Band aus Energie. Es verbindet, was zusammengehört.

So kannst du, während du schläfst, vieles erleben. Der feste Körper ruht sich aus, und dein Geistwesen macht eine Reise. Vielleicht zu deinem Urgroßvater, den du auf der Erde gar nicht kennengelernt hast! Vielleicht kennst du sein Geistwesen schon sehr lange. Und jetzt möchtest du es mal wiedersehen. Oder dein Geistwesen reist in die Stadt, wo du früher gelebt hast, und besucht einmal wieder das alte Haus. Natürlich merkt das niemand.

Am nächsten Morgen weißt du alles nicht mehr. Es würde dich sonst viel zu sehr durcheinander bringen. Aber manchmal denkst du: „Was hatte ich für einen komischen Traum!" Es gibt allerdings verschiedene Träume. Viele entstehen auf andere Art.

Dein sichtbarer Körper hat verschiedene Organe, die alle eine besondere Aufgabe haben. Das Herz pumpt das Blut durch die Adern, der Magen bekommt deine Nahrung und beginnt, sie zu verarbeiten. Aus dem Poloch kommt das, was der Körper nicht gebrauchen kann. Alles muss sehr gut funktionieren. Zum Beispiel dauert es lange, bis dieser Schließmuskel am Poloch gelernt hat, sich nur auf dem Klo zu öffnen. Bis dahin hast du eine Windel gebraucht. Der sichtbare Körper ist so gut für uns geschaffen, es funktioniert alles so gut, dass wir immer wieder staunen können. Wie wunderbar hat Gott das für uns eingerichtet!

Jede kleine Zelle des Körpers funktioniert so gut. Du weißt doch, dass der Körper aus Zellen besteht? Eigentlich ist jede Zelle schon ein richtiges Organ. Und jetzt wirst du staunen: Jede deiner Zellen hat auch ihren unsichtbaren Körper. Der ist natürlich in deinem gesamten unsichtbaren Körper enthalten.

Es ist sicher sehr kompliziert, wie dieser unsichtbare Körper aufgebaut ist, weil er noch dazu aus verschiedenen Körpern besteht, die sich durchdringen. Ich werde auch nicht versuchen, dir das zu erklären. Die Menschen, die mehr sehen können als die meisten anderen, nennt man Hellseher. Sie können oft den unsichtbaren Körper sehen. Aber sie sehen nicht alle genau das Gleiche, weil ihre Fähigkeiten, etwas sonst Unsichtbares zu sehen, nicht gleich sind. Es hat deswegen auch wenig Sinn, sich um die Einzelheiten zu kümmern, solange man sie selbst nicht wahrnimmt. Aber auf eins möchte ich dich noch aufmerksam machen: Das sind die sogenannten Chakras.

Der Name Chakra ist indisch. Wir haben ihn von den Indern übernommen, weil uns die Inder daran erinnert haben, dass es solche Chakras gibt.

Du hast dir das Bild mit den Chakras auf der nächsten Seite bestimmt schon angeschaut. In Wirklichkeit gibt es noch viel mehr, ein ganzes System. Dies sind die wichtigsten.

Chakras sind Energiezentren. Sie sind auch Öffnungen. Sie bringen Energie von innen nach außen und von außen nach innen und von einem Körper in den anderen, also von einem Energiefeld in das andere. Sie befinden sich da, wo im sichtbaren Körper wichtige Drüsen sind. Sie arbeiten natürlich auch mit dem sichtbaren Körper zusammen, obwohl die meisten von euch sie nicht sehen. Aber du kannst manchmal etwas spüren.

Wenn dir etwas sehr unangenehm ist, vielleicht hast du sogar Angst davor, dann spürst du auf einmal deinen Magen. Manchmal drückt er, manchmal wird dir richtig schlecht. Einige Kinder übergeben sich sogar. Dann sagt die Mutter: „Du hast doch gar nichts Falsches gegessen!“ Sie überlegt, ob du krank wirst und Fieber bekommst. Vielleicht sagt sie auch: „Sollen wir lieber nicht zum Schwimmunterricht gehen?“ Oder: „Sollen wir heute mal die Musikschule ausfallen lassen?“ Bei Georg war es die Musikschule. Wenn man es nicht ändern kann, versucht Mama, dich zu beruhigen oder abzulenken. Wenn öfter so eine Übelkeit auftritt, geht die Mutter mit dem Kind zum Arzt. Der untersucht es gründlich, und wenn er nichts findet, sagt er: „Das muss seelische Ursachen haben!“

An diesem Beispiel kannst du sehen, wie ein wichtiges Chakra arbeitet. Es ist das Nabelchakra (oder Sonnengeflechts – Chakra oder Solarplexus-Chakra) und sitzt in der Nähe deines Magens, über deinem Nabel. Es hat viel mit deiner Person zu tun, wie du in diesem Leben hier auf der Erde erscheinst. Wenn deine Person sich nicht gut fühlt, dann merkst du es dort. Wenn jemand mit dir unzufrieden ist oder wenn du etwas machen sollst, was du eigentlich nicht möchtest, spürst du es in der Magengegend, im Solarplexus-Chakra. Wenn es deiner

Kronen-Chakra
Stirn-Chakra
Hals-Chakra
Herz-Chakra
Nabel-Chakra
Sakral-Chakra
Wurzel-Chakra

Person gut geht, dann strahlt dieses Chakra wie eine kleine Sonne. Dann fühlst du dich stark und glücklich. Es kann sogar sein, dass du richtig übermütig wirst und es ein bisschen zu doll treibst. Das finden dann natürlich nur die anderen. Du selbst bist richtig gut drauf.

Mit diesem Chakra haben wir es aber auch zu tun, wenn wir besser sein wollen als die anderen, immer wenn wir stark an uns selbst denken.

Dann kann dir die Arbeit eines anderen wichtigen Chakras helfen, nämlich dein Herz-Chakra. Du weißt ja, dass man sagt: „Die Liebe ist in deinem Herzen!“ Das war schon Thema, als ich dir über meine Schulerfahrungen mit dem Lied „Maria durch ein Dornwald ging“ erzählte. Liebe und Herz, das gehört schon seit Jahrtausenden zusammen. Das Chakra für die Liebe, lieb haben, gern mögen, helfen wollen, für andere fühlen, das sitzt in der Nähe des Herzens. Wenn du jemanden ganz lieb hast, kannst du es dort fühlen. Meine Schulkinder haben mir immer wieder bestätigt, dass sie es dort merken. Deswegen legen wir auch bei manchen Stilleübungen unsere Hände auf unser Herz.

Ein rotes Herz oder eine rote Rose bedeuten für uns Liebe. Man sagt, das seien Symbole für die Liebe.

Jedes Chakra sieht so ähnlich aus wie eine Blüte, jedenfalls für die Menschen, die die Chakras sehen können. In Wirklichkeit besteht das natürlich alles aus Energie. Es sind Energiewirbel. Vielleicht magst du trotzdem das schöne Rosenmandala auf der nächsten Seite ausmalen oder das Mandala mit den vielen Herzen. Ich würde ganz zarte Rottöne dafür verwenden, aber das entscheidest natürlich du. Du kannst auch auf jedes Blättchen oder Herz den Namen von einem Wesen schreiben, dem deine Liebe gehört.

Ich darf aber nicht vergessen zu sagen, dass das Herzchakra auch mit Zorn und Habenwollen zu tun hat. Dann werden die Blütenblätter vielleicht blutrot. Dabei wirkt natürlich auch das

Solarplexus-Chakra mit. Und natürlich arbeiten immer alle Chakras zusammen.

Copyright für die beiden Mandalas: Klaus Holitzka: Christliche Mandalas. Schirner Verlag, Darmstadt 1998.

Wenn Zorn oder Habgier in dir aufsteigt, dann gibt es eine Aufgabe für dich, nämlich dich von diesen Gefühlen wieder zu befreien, sonst wirst du unglücklich. Denk mal an Schneewittchen, die hatte bestimmt ein ganz schönes Herzchakra. Aber das der bösen Königin war sicher ganz knallig und sie hatte ein überriesiges, sprühendes Solarplexus-Chakra.

Wenn du zornig auf Mama warst, und danach hat sich alles beruhigt, dann leuchtet dein Solarplexus-Chakra wieder wie eine kleine Sonne und dein Herzchakra wie eine zarte Rose, dann kuschelst du dich vielleicht bei Mama ein. Dann ist alles wieder gut.

Dann kann sich auch das Kronenchakra auf deinem Kopf öffnen. Es ist das Tor für alles Göttliche. Es ist wirklich wie eine Krone. Du bist ein gekröntes Kind Gottes. Du bist in deinem Leben ein König oder eine Königin, ein wunderbares, von Gott geliebtes Wesen. Durch dein Kronenchakra bis du mit Gott, mit Christus und mit deinem Geistwesen verbunden. Manche Erwachsenen sagen auch: „Du bist mit deinem Höheren Selbst verbunden." Sie meinen den göttlichen Funken, von dem ich schon mehrmals erzählt habe. Die Worte und Namen sind nicht das Wichtigste.

Von diesem Chakra wussten auch die Maler, die die vielen alten Bilder in den Kirchen gemalt haben. Sie haben Maria und Jesus, den Jüngern und anderen heiligen Menschen einen Heiligenschein gemalt. Das bedeutet: Dieser Mensch ist mit dem Göttlichen so verbunden, dass sein Kronenchakra voll entwickelt ist und leuchtet und strahlt. Erinnere dich, die segnenden Hände lagen auch auf dem Kopf.

Ich wünschte, wir wären alle so mit Gott verbunden, dass wir strahlen würden. Man würde es sehen, und man würde es merken, bei allem, was wir tun. Aber die Erde ist ein Lernplanet. Es ist normal, wenn wir immer wieder die Verbindung verlieren oder einfach nicht an sie denken. Wir haben noch so viel zu lernen.

Doch du kannst dich in einem Nu wieder mit Gott verbinden! Vergiss das nicht! Du sendest deine Herzliebe zu Gott und schon lässt dein Kronenchakra das durch, und du kannst das Göttliche in dir fühlen, im Kronenchakra, im Herzchakra, vielleicht sogar im Sonnengeflechts-Chakra und überall in deinem ganzen Wesen.

Es gibt noch das „Dritte Auge". Da war wirklich mal ein Auge im Körper, zu einer Zeit, als unsere Körper sich noch ohne uns auf dieser Erde entwickelten, in der Zeit der Dinosaurier. Deswegen nennen manche Forscher es auch Echsenauge. Es befindet sich zwischen den Augenbrauen. Dahinter sind zwei wichtige Drüsen und ganz wichtige Teile vom Gehirn. Diese Stelle ist auch heute noch besonders lichtempfindlich, obwohl es schon lange keine Dinosaurier mehr gibt und die Menschenkörper sich schon lange entwickelt haben, sodass unsere Geistwesen darin wohnen können. Du kannst mit einer Taschenlampe ausprobieren, ob du bei geschlossenen Augen etwas Licht durch das ehemalige Echsenauge wahrnimmst.

Genau an dieser Stelle ist auch das Chakra, das man das Dritte Auge nennt. Es hat sehr viel damit zu tun, dass wir richtig hinschauen, und auch damit, dass sich unser Geistwesen hell und klar fühlt. Georg hat mir als großer Junge erzählt, dass er es im Dritten Auge spüren konnte, wenn er bei geschlossenen Augen mit einem Finger darauf zukam. Probier es mal aus! Ich weiß nicht, ob Georg es jetzt noch spüren kann.

Wie du siehst, gibt es auch noch ein Hals-Chakra. Es hat sehr viel mit Sprechen zu tun, das kannst du dir ja denken. Es liegt ja bei den Stimmbändern. Was wir sagen oder lieber nicht sagen, ob wir laut oder leise sprechen, schreien oder flüstern, das ist ein Ausdruck unserer Seele. Hier im Hals-Chakra soll auch eine besondere Verbindung zu den Engeln sein. Man sagt, wie du weißt, dass man Engel rufen kann, besonders den Schutzengel.

Die beiden unteren Chakras sind natürlich auch sehr wichtig. Über diese Chakras verbindet sich der unsichtbare Körper auch mit der Erde, unserer Mutter, die uns unseren irdischen Körper schenkt.

In den Fußsohlen befinden sich die Fuß-Chakras. Auch durch sie fließt die Energie der Erde in dich ein. In dieser Energie kannst du alles auflösen, was dich gerade quält.

Stell deine Füße auf den Boden! – Fühle, wie du fest stehst! – Vielleicht ist es besser, wenn du die Augen schließt. – Du kannst stehen oder sitzen. – Fühle die Stellen in der Mitte deiner Fußsohlen! – Hier sind die Fußchakras. – Du spürst, – wie eine warme, pulsierende Energie – durch die Fußsohlen – in dich einströmt. – Stell es dir vor! – Du fühlst es – besonders beim Einatmen. – Nun stell dir vor, – dass deine Traurigkeit, deine Wut oder deine Angst, – was es gerade ist, – beim Ausatmen – durch die Fußsohlen in die Erde strömt! – Die Erde nimmt es auf, – sie wird damit fertig. – Es ist nicht schlimm für sie. – Beim Einatmen – strömt die Erdenergie in dich hinein. – Beim Ausatmen – wirst du deine Schwierigkeiten los. – Denk auch daran zu danken, wenn es dir besser geht. –

Auch die Handchakras sind etwas sehr Praktisches für dich. Ich habe dir ja schon vom Händeauflegen erzählt. Wenn du willst, kannst du damit jemandem helfen.

Zuerst denkst du daran, dass gute, helle Energie durch dein Kronenchakra in dich einströmt. Dann lenkst du diesen Strom durch deine Hände zu dem Wesen, dem du deine Hände aufgelegt hast (Mensch oder Tier oder Pflanze). Ja, du kannst jemandem deine Hände auflegen!

Vielleicht hat deine Freundin oder dein Freund sich wehgetan, dann legst du deine Hände auf die schmerzende Stelle. Wenn die Stelle verletzt ist, legst du deine Hand in die Nähe der Stelle oder auf den Bauch oder wo es sonst angenehm ist. So kannst du ihn oder sie beruhigen, bis ein Erwachsener zu Hilfe kommt. Du kannst deine Hände auch über den Körper halten.

Wenn jemand weint oder nervös ist, dann legst du ihm die Hände auf den Bauch oder aufs Herz. Wenn sich jemand ganz doll aufregt, kannst du deine Hände auch auf seine Stirn legen. Denk daran, dass die göttliche Kraft durch dich nur hindurchfließt. Es ist nicht deine eigene Kraft. Das ist wichtig. Und vergiss nicht, innerlich zu danken, wenn es besser wird!

Du darfst die Hände auch bei dir selbst auflegen! Das ist doch schön und praktisch! Wenn du einmal nicht einschlafen kannst, legst du dir die Hände auf, dahin, wo es sich gut anfühlt, und du wirst langsam ruhig und zufrieden. Diese Dinge habe ich in einem Reikikurs gelernt. Aber die Menschen wussten das schon lange, lange bevor es Reiki gab.

Du kannst auch eine Hand auf die Stirn und eine Hand auf den Hinterkopf legen. Das habe ich mit meinen Schulkindern zusammen gelernt, als wir in unserer Schule Besuch von einigen Kinesiologen hatten. Sie haben uns ein paar sehr gute Übungen gezeigt, um mit Stress besser umzugehen.

Was Stress ist, weißt du bestimmt schon: Es wird einfach alles zu viel, was man soll und was man will und was man erlebt. Manchmal weiß man gar nicht mehr, was man machen soll, und hat einfach Angst. Man würde am liebsten abtauchen.

Du legst eine Hand auf die Stirn und eine Hand auf den Hinterkopf und atmest ruhig durch! Du wirst sehen, es beruhigt! Die Kinesiologen nennen das „vorne-hinten-halten“ oder „Stirn-Hinterkopf-halten“.

Meine Schulkinder machen das z. B. vor einem Diktat, überhaupt wenn irgendetwas Schwieriges auf sie zukommt. Oder wenn ich mit ihnen geschimpft habe, weil wieder etwas Unmögliches passiert ist. Zum Beispiel hacken alle auf einem Kind herum, weil es beim Staffellauf mitlaufen will, obwohl es nicht besonders schnell laufen kann. Dann sage ich: „Wisst ihr was? Macht mal…“ „vorne-hinten-halten“ brauche ich gar nicht mehr zu sagen. Wir machen es schon alle. Und dabei beruhigt sich die ganze Klasse.

Sehr schön ist es, wenn sich die Kinder untereinander auf diese Art helfen. Vielleicht hat ein Kind eine schlechte Mathe-Arbeit geschrieben und weint. Plötzlich steht ein anderes Kind da und hält ihm Stirn und Hinterkopf, bis das weinende Kind sagt: „Jetzt ist gut!“ Oder: „Es geht wieder!“ Dann hat es natürlich schon längst aufgehört zu weinen.

Besonders zufrieden bin ich als Lehrerin, wenn es bei Streitenden passiert: Sie stehen vor mir und ihre Wut kann man richtig spüren. Jeder erzählt gleichzeitig, warum der andere „Schuld hat“. Es dauert manchmal lange, bis alles geklärt oder wenigstens etwas beruhigt ist. Wenn sie dann irgendwann soweit sind, dass sie sich gegenseitig die Stirn und den Hinterkopf halten, dann wird es mit ihnen wieder gut.

Es ist auch schon so gewesen, dass bei den beiden Kampfhähnen plötzlich Freunde standen. Beide bekamen nun Beruhigung durch die Hände. So war das Vertragen nicht mehr so schwierig. Manchmal muss ich auch warten, bis die größte Wut vorbei ist. Manchmal mache ich auch Stirn-Hinterkopf- halten bei dem Kind, das am heftigsten weint, oder bei dem, das am wütendsten ist, oder bei dem, das glaubt, völlig unschuldig zu sein. Dann muss ich aber darauf achten, dass ich auch dem anderen Kind etwas Gutes tue. Sonst fühlt es sich zurückgesetzt, und morgen haben wir den nächsten Streit. Wenn in einer solchen Situation noch ein Kind dazu kommt und mir hilft, dann ist das richtig gut. Ich habe mir auch schon ein Kind zu Hilfe gerufen, am besten einen Freund oder eine Freundin von den beiden.

Nun erzähle ich euch noch mein schönstes Erlebnis zu diesem Thema. Ich hatte mich mal wieder furchtbar aufgeregt, weil so eine Unmöglichkeit passiert war. Meistens rege ich mich so auf, wenn einige Kinder anderen gegenüber gemein oder ungerecht sind. Ich muss ehrlich zugeben, dass ich meine ganze lange Dienstzeit hindurch immer wieder in solchen Situationen ausgerastet bin, obwohl ich mir so oft vorgenommen habe, Ruhe zu bewahren. Danke, dass ihr mir nie wegen dieser Eigenschaft böse wart! Ich habe da noch einiges zu lernen und aufzulösen, das ist mir klar. Ich lerne sehr viel durch euch Schulkinder!

Also, so ein Augenblick war es! Ich hatte geschrien und wusste genau, dass das überhaupt nichts bringt. Und so hatte ich noch dazu ein ungeheuer schlechtes Gefühl im Bauch. Wahrscheinlich hatte ich die Wut der gesamten Klasse herausgeschrien. Das ist durchaus möglich! Entnervt sank ich auf meinen Stuhl. Da stand plötzlich Franziska neben mir und hielt mir Stirn und Hinterkopf. Ich hatte das Gefühl, ein Engel berührte mich. Alle wurden ganz still. Es wurde friedlich. Ich habe mich dann bei ihr bedankt. Ich werde es nie vergessen, Franziska!

Später habe ich dann den Kindern geraten, das auch mal bei ihren Eltern zu versuchen, wenn sie spüren, dass der Stress zu groß wird. Ja, einige haben daran gedacht und konnten helfen. Auch wenn ein Familienmitglied krank ist, kann so eine Hilfe für die ganze Familie wichtig sein.

Wenn ihr dabei den Kraftstrom vom Scheitelchakra über das Herzchakra durch die Handchakras fließen lasst, dann denkt daran, dass es nicht eure Kraft ist, die fließt, und vergesst nicht zu danken. Wenn ihr dabei Gefühle von Liebe und Fürsorge empfindet, dann gebt ihr selber noch ganz viel dazu. Aber auch, wenn Ihr einfach helfen wollt und gar nicht weiter nachdenkt, ist es wunderbar für euch und für den anderen.

Notizen:

Vom Beten

Liebe Eltern!

Beten Sie? Beten Sie manchmal? Beten Sie manchmal in der Kirche? Beten Sie regelmäßig? Sprechen Sie mit Gott oder mit einem Engel? Oder sprechen Sie mit ihrem Höheren Selbst? Schicken Sie hin und wieder ein Stoßgebet zum Himmel? Sprechen Sie manchmal das Vaterunser? Danken Sie vor oder nach dem Essen? Haben Sie versucht zu meditieren?

Vieles, was für unsere Großeltern noch selbstverständlich war, ist für uns fragwürdig oder gar heikel geworden. Traditionen haben einfach aufgehört. Man versucht etwas Neues und ist doch noch unsicher.

Als ich ein Kind war, beteten wir vor dem Mittagessen: „Komm, Herr Jesus, sei unser Gast und segne, was du uns bescheret hast! Amen!“ Dann sagten wir: „Gesegnete Mahlzeit!“, und fassten uns dabei im Kreis an. Wir waren sechs. Es war ganz selbstverständlich. Wir waren auch keine Ausnahme. Zwar gab es diese Sitte nicht in jeder Familie. Aber so oder ähnlich geschah es doch in vielen Familien unserer Freunde.

Vor dem Abendessen beteten wir: „Herr, bleibe bei uns, denn es will Abend werden, und der Tag hat sich geneigt! Amen!“ Wir wussten auch die Geschichte von Jesus von Nazareth, als er nach der Auferstehung die zwei Jünger traf, die ihn nicht erkannten und ihn mit diesen Worten baten, sie nicht zu verlassen. Erst als er beim Abendessen für sie das Brot brach, wie er es immer getan hatte, erkannten sie ihn. Für mich hat sich das für immer im Gefühl verbunden: Das Abendbrot meiner Kinderzeit und der Segen Jesu beim Brechen des Brotes.

Im Bett betete ich als Kind: „Lieber Gott, mach mich fromm, dass ich in den Himmel komm. Ich bin klein, mein Herz mach rein, soll niemand drin wohnen als Jesus allein. Amen!“ Ich machte mir keine Gedanken darüber, was der Himmel sein könnte. Irgendetwas Wunderbares! Und ich hatte so ein Gefühl, dass Jesus in meinem Herzen wohnt.

Später betete ich das Vaterunser, besonders weil meine Mutter erklärt hatte, dieses Gebet sei sehr heilig. Es helfe in jedem Falle, bei jeder Gefahr. Dann kam die Zeit der frei formulierten Gebete. Eine Art Gespräch? Es gab auch Versuche mit Meditation, was immer auch das sein mochte. Und dann die vielen, vielen Stoßgebete: „Lieber Gott, hilf mir!“

Als ich als junge Lehrerin 1962 in den Kreis Lüchow-Dannenberg kam, in ein winziges Dorf, begannen wir unseren Schultag mit einem Klassengebet. Das war damals noch ganz üblich. Wir hatten sogar an jedem Montag eine kurze Schulandacht mit Lied, Gebet und Ansprache. Wir drei Kollegen wechselten uns darin ab. Es gab ein Buch. Aber ich dachte mir lieber alles selbst aus. Meine Ansprache kam direkt aus meinem Herzen. Nein – natürlich auch aus meinem Kopf. Und ich muss gestehen, dass ich sogar ziemlich stolz darauf war, wie ich das machte.

Als ich einige Jahre später in Garbsen arbeitete, wäre das undenkbar gewesen. Im Religionsunterricht hatte ich große Probleme mit aufmüpfigen, ungläubigen und pöbelnden Kindern, so dass ich ihn schließlich sogar aufgab. Zum Glück fielen mir andere Aufgaben zu.

Und nun am Ende meiner Dienstzeit ist wieder alles ganz anders. Ich muss zwar den meisten Kindern erst beibringen, was Beten überhaupt ist, aber dann bitten mich ganze Klassen um ein gemeinsames Gebet, meist bei besonderen Gelegenheiten.

Das Thema Beten ist ein ganz persönliches Thema. Es gibt kaum noch Familien mit Tischgebeten, vielleicht die wenigen katholischen Familien in unserem Ort. Aber viele Kinder beten vor dem Einschlafen, allein oder mit den Eltern oder mit Oma. Ja, auch allein! Manche Eltern wissen es gar nicht, dass ihre Kinder beten. Nur wenige Kinder kennen noch die beiden alten Kindergebete, die ich als Kind gesprochen hatte. Aber viele Kinder sagen, dass sie mit Gott sprechen.

Weil die Erwachsenen kaum beten oder mit ihren Kindern nicht darüber sprechen, sind die Schulkinder dankbar, sich darüber untereinander austauschen zu können. Manche sind auch ein bisschen abweisend, besonders wenn die Eltern intellektuell sind und dabei jegliche Form des Glaubens auch im Beisein ihrer Kinder strikt ablehnen oder gar lächerlich machen. Das ist schade, denn sie könnten von ihren Kindern lernen, wenn sie deren Offenheit zulassen würden. Ich erlebe es immer wieder, dass ablehnende Kinder nach einer Weile der Beobachtung, wenn ihnen nichts aufgezwungen wird, Mut bekommen, auf ihr eigenes Inneres zu hören und dort die erste Verbindung zu einem göttlichen Ursprung finden. Ganz zaghaft tasten sie sich heran. Manchmal kommen nach Jahren (ich habe die Kinder oft vier Jahre lang im Religionsunterrricht.) Äußerungen, die eine sehr lange Auseinandersetzung zeigen zwischen Zweifeln und liebevoller Hinwendung zum Göttlichen.

Als ich vor 17 Jahren in Arnum als Lehrerin anfing, war es absolut unüblich, im Unterricht zu beten. Ich bekam sogar den wütenden Anruf einer Mutter, als ich es ausnahmsweise wagte, während wir das Thema Beten lehrplangemäß behandelten, im Zuge der Unterrichtseinheit einmal ein Gebet mit den Kindern zu sprechen.

Wenn mich die Kinder einer Klasse jetzt darum bitten, mit ihnen zu beten, kann es ein freies Gebet sein oder das Vaterunser. Selbst die Kinder, die zu Hause nicht beten und vielleicht auch noch keinen eigenen Zugang gefunden haben, genießen den Frieden, der sich mit dem Gebet in der Klasse ausbreitet.

Oft ist es ein besonderer Anlass, der mich dazu führt, die Kinder zu fragen, ob sie möchten, dass wir zusammen beten. Ich formuliere dann ganz einfach eine Bitte, einen Dank oder unser Mitgefühl. Die Kinder empfinden das als Erleichterung. Sie können ihre Angst und ihre Not zulassen und dann an Gott weitergeben. Ich erinnere mich an eine Situation, als eine Mutter schwer erkrankte oder als eine Mitschülerin ertrunken war. Auch eine mögliche Scheidung der Eltern wird manchmal zum Gebetsanlass, besonders wichtig, weil heute viele Kinder in Bezug auf ihre Familiensituation sehr große Ängste haben. Es war auch der Tod eines Großvaters, der Tod das alten lieben Hundes, die zerfallenden Türme des Tradecenters am 11. September, die ja vor den Augen der Kinder immer und immer wieder eingestürzt waren, aber auch der umgestürzte Baum im Gemeindegarten, der mehrere Menschen unter sich begraben hatte! Doch wir haben auch vor einem Picknick gedankt. Und das war ganz neu und schön für die Kinder. Ein paarmal habe ich auch mit Kindern ein Fürbittengebet für einen Gottesdienst vorbereitet und dann mit ihnen dort gesprochen. Das war für uns alle etwas ganz Großes. Bei einem Schulgottesdienst haben wir Wünsche für uns und andere auf selbstgestaltete Blattformen geschrieben und auf den Altar gebracht: Ein modernes Gebet! Ich möchte auch die Stilleübungen und das Mandalamalen der heutigen Zeit als Gebet bezeichnen. Ich habe einige wenige eingeflochten. Es gibt sehr schöne Bücher zu diesem Thema!

Ich habe Ihnen dies alles erzählt, um zu zeigen, wie persönlich das Thema Beten ist, und wie sehr sich der Umgang damit im Laufe der Jahre geändert hat. Ein fortlaufendes Weg von der Tradition des Betens! Aber neuerdings ein Hin zu einem sehr individuellen Ja zum Gebet.

Meine zur Zeit wichtigste persönliche Erfahrung mit dem Beten ist der Umgang mit dem Vaterunser-Chakra-Gebet, das Arnold Bittlinger und Gertrud Erni entwickelt haben. Es ist für mich eine optimale Möglichkeit von Gebet-Meditation, eine Verbindung zwischen meinen westlichen und östlichen Glaubenselementen. Dieses Gebet hat sich in den letzten 15 Jahren immer wieder in mir gewandelt und zu intensiven Erfahrungen geführt. Ich möchte an dieser Stelle Frau Erni danken, die mir durch ihr Buch diesen inneren Weg eröffnet hat.

Liebes Kind!

Ich glaube, du sprichst manchmal mit Gott. Dabei ist es gar nicht so wichtig, wie du ihn dir vorstellst. Oder wo du ihn dir denkst. Die Hauptsache ist, du kannst mit ihm sprechen.

Vielleicht habt ihr in der Schule schon von Abraham gehört, der immer mit Gott sprach. Er gehorchte Gott auch, als der von ihm verlangte, er sollte sein schönes Haus in Ur verlassen und nur noch in den Zelten der Wanderhirten leben. Er sollte mit seinen Arbeitern und seinen Herden weit weg in ein anderes Land ziehen, durch eine Gegend hindurch mit viel Wüste. Er kannte die Gegend. Immer war es schwierig, eine Oase und neues Weideland für die Kamele, Schafe und Ziegen zu finden. Und es war auch schwierig für Abraham, seine Frau Sara zu überzeugen, dass das richtig war, denn Sara redete nicht mit Gott. Sie betete manchmal zu kleinen Götterfiguren aus Ton. Sie wunderte sich, wie man mit einem Gott reden konnte, den man nicht sah.

Oft redete Abraham nachts mit Gott. Dann richtete er sein Gesicht nach oben, und unter dem gewaltigen Sternenhimmel der Wüste hatte er das Gefühl, Gott nahe zu sein. In dieser herrlichen Stille konnte er Gott hören. Wir haben schon über den Sternenhimmel nachgedacht und wie er uns das Universum zeigt.

Wenn ihr zum Himmel aufschaut, seht ihr die unendliche Weite mit den vielen funkelnden Sternen, die alle selbst eine Welt sind. Der Weltraum zeigt sich dir. Naja, du siehst auch die Lichter der Flugzeuge und die anderen künstlichen Lichter, die über den Himmel wandern. Es sind die Satelliten. Lass dir das von Mama und Papa erklären. Auch die Satelliten sehen so winzig und weit entfernt sehr geheimnisvoll aus. Das gab es natürlich zu Abrahams Zeiten noch nicht. Er sah den Himmel vom Sternenlicht funkeln und flimmern, die vielen Welten, die Planeten oder Sonnensysteme oder ganze Spiralnebel sind. Die ganze große Schöpfung Gottes. In der Stille dieser Sternenwelt hörte er seine Stimme. Er konnte mit Gott reden. Um ihn herum war überall Gott, und er musste tun, was Gott von ihm wollte.

In dieser gewaltigen Schöpfung war er ja mitten drin. Und so spürte er sicher, dass Gott auch in ihm war, in seinem Herzen, in seinem Inneren. Du weißt schon, ich meine den göttlichen Funken. Er kann auch riesig in dir sein, die ganze Schöpfung und Gott in dir. Sicher hast du das schon mal gefühlt.

Gott ist ja kein Mann. Jesus sagt: „Gott ist wie ein Vater!“ Er sagt auch: „Gott liebt dich! Er sucht nach dir, wenn du mal nicht klarkommst!“ Du weißt schon, die Geschichte mit dem Schaf. Du bist in Gottes Hand. Das bedeutet, er passt auf dich auf. Nichts passiert dir, was Gott nicht will. Und gerade so hat dein Geistwesen es sich gewünscht. Und Gott ist damit einverstanden.

Ja, wie rede ich nun mit Gott?

Es ist leicht, mit Gott zu reden, und es ist schwer, mit Gott zu reden.

Wenn du in Not bist, geht es manchmal ganz schnell: Du sagst: „Lieber Gott, hilf mir!“, und schon hast du ein besseres Gefühl. Ich sage es sogar manchmal ganz automatisch, ohne überhaupt nachzudenken. Das ist vielleicht ein bisschen oberflächlich. Aber es tut trotzdem gut.

Doch manchmal fühlen wir uns ganz schlecht, und uns fällt gar nicht ein, dass wir mit Gott reden könnten. Dann fühlen wir uns gar nicht eins mit Gott. Wir fühlen nur unsere Wut oder unseren Ärger oder unseren Kummer. Wir sind deprimiert und traurig. Im Bauch grummelt es. Vielleicht müssen wir weinen. Oder wir sind ganz albern und machen irgendeinen Blödsinn, weil wir uns so mies fühlen. Denkst du dann an Gott? Er fällt dir gar nicht ein. Aber gerade jetzt könnte es so gut für dich sein, um Hilfe zu bitten.

Du könntest natürlich auch zu deinem Schutzengel sagen: „Bitte hilf mir, dass ich klarkomme!" Oder: „Hilf mir, dass mir was Gutes einfällt!" Das ist auch eine gute Möglichkeit. Die katholischen Kinder lernen noch, dass man zu seinem Schutzengel beten kann. Das können natürlich in Wirklichkeit alle Menschen machen.

Ich finde es schön, dass man Gott seine Sorgen erzählen kann, auch wenn man weiß, dass er sie ja schon längst kennt. Es ist genauso, wie wenn du Mama deine Erlebnisse erzählst. Wenn du das Gefühl hast, sie hört gut zu, dann kannst du es ihr auch zwei- oder dreimal erzählen, immer mit deinen Gedanken dazu. Und nach und nach wirst du ganz frei. Und das Schlimme, das du erlebt hast, ist weg. Es hat sich aufgelöst. Genauso kann es mit Papa oder Oma oder Opa sein.

So geht es auch, wenn du mit Gott redest. Er ist wie eine Mutter oder wie ein Vater, ein guter Freund und noch mehr. Er ist in dir, und er umhüllt dich. Du bist in Gottes Hand.

Wenn du Gott um etwas bittest, dann weißt du schon, dass er es dir nicht immer geben kann. Auch das kennst du schon von deinen Eltern. Vielleicht ist es ungesund für dich, wenn du schon wieder ein Eis haben willst. Oder Papa meint, du sollst das mal selber in die Hand nehmen, damit du es lernst, zum Beispiel das umgefallene Fahrrad aufheben oder den Reifen aufpumpen. So ist es auch mit Gott. Er wird dir nicht alle Wünsche erfüllen, obwohl er sie alle kennt, und obwohl er dich lieb hat, ach, gerade weil er dich so lieb hat. Du sollst doch auf dieser Erde sehr viel lernen. Deswegen bist du doch hier!

Trotzdem darfst du Gott für dich bitten, weil es dich beruhigt und weil du dann fühlst, dass er bei allem, was passiert, für dich da ist. Das ist auch bei schlimmen Sachen so. Dann möchte Gott, dass du etwas ganz Schweres lernst. Und das wolltest du ja auch! Er weiß, dass du das schon schaffen kannst. Auch bei allem Schrecklichen ist er immer bei dir. Du merkst es nur oft in der ganzen Aufregung nicht. Wenn du für einen anderen bittest, ist es wieder etwas anderes. Dann entstehen wunderbare Kräfte in dir. Vielleicht kannst du nicht bemerken, wie es dem anderen hilft. Aber es ist auf alle Fälle so! Wenn du dein höheres Selbst fragen könntest, würde es sich vielleicht bei dir bedanken.

Stell dir mal vor, du siehst, wie dein Freund mit dem Rad hinfällt. Du bist ganz erschrocken und rennst hin und dabei betest du: „Lieber Gott, mach, dass ihm nichts passiert ist!" Dann kommt das bei Gott an, und es kommt bei deinem Freund an. Klar, dein Freund weiß nichts davon, sein Gehirn hat es nicht bemerkt. Aber vielleicht seid ihr hinterher noch bessere Freunde und wisst gar nicht warum. Und weil du gebetet hast, ist außerdem deine Angst weniger geworden, und du konntest vernünftig handeln. Du hast ihn vielleicht vorsichtig hingelegt und eine Spaziergängerin gebeten, auf ihrem Handy die Eltern deines Freundes anzurufen. Du hast ihn beruhigt, bis seine Mama da war. Das ist oft die wichtigste erste Hilfe, die ein Kind leisten kann. Vielleicht hast du ihm sogar die Hand gehalten. So vernünftig und gut zu handeln, das gelingt besser, wenn man sich in Gottes Hand fühlt.

So wichtig wie das Bitten ist auch das Danken. Dass ich diese Meinung habe, hast du schon in dem ganzen Buch gemerkt, weil ich es öfter erwähnt habe. Wir können Gott für alles danken! Es kommt bei ihm an!

Aber es kommt auch bei den Wesen an, die an der Sache mitarbeiten. Wenn du sagst: „Lieber Gott, danke, dass nichts passiert ist, als ich heute von dem Ast abgerutscht bin!“, dann kommt das bei Gott an, aber auch bei deinem Schutzengel, bei den Baumelfen oder sogar bei dem Baum selber. Du kannst aber auch zu dem Baum sagen: „Danke, dass mir nichts passiert ist!“ Ich denke, dass er es versteht. Und Gott versteht es sowieso.

Ich halte das Danken für sehr wichtig! Aber ich vergesse es auch oft. Ich muss mir immer wieder klar machen, wie viel ich den Wesen rings um mich herum verdanke. Man könnte sagen: „Danke, lieber Gott, dass ich so liebe Eltern habe und so eine liebe, blöde Schwester, die immer so zickig ist. Und danke für meinen Hund. Ich brauche ihn so sehr, und er ist immer so warm und weich und lustig!“

Aber du kannst auch zu deiner Schwester sagen: „Ich habe dich trotzdem lieb!“ Oder du wirfst ihr ein Stück Schokolade oder ihr Kuscheltier aufs Bett. Das versteht sie auch. Und es heißt: „Ich bin froh, dass du da bist!“

Deinem Hund kannst du auch persönlich danken, dass er so schön mit dir spielt. Hunden kann man ja alles sagen. Aber wenn du mit ihm durch die Feldmark tobst oder durch den Stadtpark oder Garten und Stöckchen wirfst oder mit ihm Pfötchen geben übst, dann versteht er auch, dass du ihn lieb hast. Und das ist der beste Dank!

Es gibt noch etwas anderes: Eine Verbindung zu Gott ohne Bitten, ohne Danken, vielleicht ganz ohne Worte, eine Nähe spüren zu dem Göttlichen in uns, um uns, im Himmel und auf Erden. Erwachsene nennen das manchmal Meditation, und das hört sich ziemlich schwierig an. Denk einmal an die große Stille von Abrahams Wüstenhimmel. Diese Stille zu spüren, auch ohne den Himmel zu sehen. Diese Stille in dir zu spüren! Ganz in deiner Mitte sein, in deinem Wesen, ganz ruhig und verbunden mit Gott!

Ich habe es mit meinen Schulkindern mit Mandalamalen versucht. Es gibt viele Mandalas. Man kann sie in Mandala-Malbüchern kaufen. Und manche Lehrerinnen haben ganze Mappen voll und fotokopieren hin und wieder eins für euch.

Das Ausmalen eines Mandalas soll dich in deine Mitte führen, in deinen göttlichen Kern. In meinen Klassen habe ich es so gemacht, dass es gleichzeitig eine Stilleübung war. Manchmal haben wir ganz leise Musik dabei gehört, Meditationsmusik oder Barockmusik oder Musik von Mozart. Das verbreitet eine ruhige, sanfte Stimmung. Oft haben wir auch Kerzen angezündet.

Bevor wir anfingen, haben wir darüber gesprochen, dass wir mit diesem Tun in uns hineinfühlen wollen, dass wir unseren Kern spüren wollen. Wenn es zu unruhig wurde, haben wir lieber aufgehört und an einem anderen Tag weitergemacht.

Ich habe aber auch beobachtet, dass einzelne Kinder sich während der freien Arbeit für eine gewisse Zeit mit einem Mandala beschäftigten. Ich konnte ihnen ansehen, dass sie innerlich ruhig wurden und dann ganz bei sich waren und sich von der Unruhe anderer Kinder nicht stören ließen. Viele Kinder baten mich um Mandalas für zu Hause. Andere brachten mir von ihrer Mama ein schönes Mandala für meine Sammlung mit.

Immer sollte es etwas Schönes sein, ein Mandala zu gestalten. Und so ärgerte ich mich, wenn ich sah, dass es Kindern angeboten wird, um einfach Zeit zu überbrücken, oder weil es nun mal gerade Mode ist. Du musst auch gut schauen, ehe du anfängst, ein Mandala auszumalen, denn es gibt inzwischen viele alberne Bilder, die dich von dir wegführen statt zu dir hin.

Man kann ein Mandala von innen oder von außen her anmalen. Das fühlt sich ganz unterschiedlich an. Man sollte aber immer den Kreis des Musters schließen und dabei nicht die Farben wild wechseln. Wenn man ein Mandala wild durcheinander anmalt, spürt man nicht seine eigentliche Wirkung. Andererseits denke ich, dass Kinder, die das tun, auch ihre inneren Gründe dafür haben. Ich habe sie immer nur mal kurz darauf hingewiesen.

Am meisten Freude hat es mir gemacht, wenn ich mich zwischen die Kinder setzte und auch ein Mandala gestaltete. Dann wurde es so ruhig bei uns, so voller Frieden. Ich glaube, wir schenkten uns gegenseitig diesen Frieden. Ich war sehr froh, wenn diese Art Arbeit hin und wieder bei uns möglich wurde.

Sehr schön ist es, wenn man sich das ganze Mandala selbst gestaltet. Dabei muss nicht alles ganz regelmäßig werden. Es ist eine sehr kraftvolle Friedensübung. Am besten fängt man mit einer Mitte an, zum Beispiel mit einer Blume, die man dann immer vergrößert. Jede Blume ist ein Mandala. Du findest Mandalas überall in der Schöpfung. Auch deine Chakras sind Mandalas, natürlich aus Energie.

In der Schule macht ihr vielleicht manchmal eine Traumreise. Ihr setzt euch entspannt hin und atmet ruhig. Die Augen lasst ihr zufallen. Ihr fühlt euch wohl. Dann sagt eure Lehrerin euch etwas, das ihr euch vorstellen sollt. Erinnerst du dich? Im Kapitel über Weihnachten haben wir so eine Vorstellungsübung mit der Rose gemacht.

Vielleicht kennst du Traumreisen auch mit Hilfe einer Kassette oder einer CD. Ich finde den Namen „Traumreise" nicht ganz passend. Eine Traumreise machst du ja im Traum wirklich, wenn dein Geistkörper sich vom leiblichen Körper trennt. In der Klasse bleibt dein Geistwesen meist da. Du stellst dir alles vor und erlebst es in deinem Inneren. Das kann so stark sein, dass du das Gefühl hast, du bist weit weg. Du fliegst über die Berge und das Meer. Alles ist aber in deinem Inneren. Dein Geistwesen ist mit deinem Gehirn in der Lage, alle die nötigen Bilder erscheinen zu lassen. Auch wenn du liest, entstehen ja Vorstellungen, Bilder vor deinem inneren Auge.

Manche Menschen haben schnell solche Vorstellungen, und andere sehen nur selten richtig lebendige Bilder. Das ist eine Begabung, so wie jemand gut singen kann oder Mathe immer sofort versteht. Aber genauso wie Singen und Mathe durch viel Singen und viel Mathe immer besser werden, so ist es auch mit dem Vorstellen von inneren Bildern.

Es könnte auch mal sein, dass dein Geistwesen dann wirklich auf eine Reise geht, so wie im Traum. In deinem Inneren gibt es einen Weg durch die Bilder in unendliche Weiten. Deswegen passt eure Lehrerin auf, dass sie euch gut wieder zurückholt. Sie sagt vielleicht: „Und nun wollen wir langsam zurückkommen in den Klassenraum. Lasst eure Augen noch zu und zählt mit mir bis drei.“ Dann zählt ihr erst leiser und dann ganz laut. Und bei drei dürft ihr die Augen aufmachen und noch ein paarmal in die Hände klatschen oder euch die Zehen massieren, damit ihr euren Körper wieder richtig fühlt, damit ihr wieder richtig im Hier und Jetzt seid.

Es wäre ja nicht gut, wenn ihr beim Diktatüben, beim Rechnen oder beim Diskutieren immer weiter träumen würdet. Ihr würdet nicht genug von eurer Umgebung mitkriegen. Und dafür sind wir ja schließlich hier auf dieser Erde, dass wir die Wirklichkeit erfahren und an ihr mitmachen. Zum Machen muss man ganz wach sein. Es gibt Kinder, die leicht wegträumen, und das ist im Unterricht oder auf der Straße gar nicht gut. Ihr müsst ganz sicher unterscheiden, ob ihr jetzt gerade Zeit zum Träumen habt oder nicht.

Ich nenne solche Übungen am liebsten Vorstellungsübungen, weil wir uns ja etwas vorstellen. Weil wir dabei ganz still sind und immer weiter in die Stille gehen, nenne ich sie auch gern Stilleübungen.

Eine solche Stilleübung möchte ich dir nämlich jetzt am Ende dieses Buches schenken. Diese Vorstellungsübung haben meine Schulkinder besonders gern gehabt und mich manchmal gebeten: „Können wir nicht mal wieder die Übung mit dem goldenen Strahl machen?“

Es fing in einem besonders schönen Herbst an, als das Laub der Bäume lange seine goldene Färbung behielt. In unserem Schulwald war der Boden mit gelben und orangen Blättern bedeckt, obwohl auch die Kronen der Bäume noch voller gelbbunter Blätter waren. Wir hatten uns jeder eine Blätterkrone gebastelt, wie es in unserem Lesebuch gezeigt wurde. Dort war eine Seite aus dem schönen schwedischen Bilderbuch „Lineas Jahrbuch".

Alle Kinder standen mit ihren goldenen Kronen mitten in den goldenen Bättern. Weitere Blätter schwebten auf sie herunter, und manche Kinder tanzten in diesem Gold herum. Durch die Kronen war ihr Kronenchakra betont. Plötzlich fielen auch noch goldene Sonnenstrahlen durch die Blätter hindurch auf die Kinder. Da kam mir die Idee für diese Stilleübung, und wir machten sie am nächsten Morgen in der Klasse.

Dass das dritte Auge auch ein Wohlfühlpunkt ist, habe ich von Sabrina Fox gelernt. Danke, Sabrina Fox! Das Lächeln beim Wohlfühlpunkt hat den Kindern immer besonders gut gefallen. Du wirst gleich merken, wenn es in der Meditation kommt. Vielleicht kannst du Papa oder Mama bitten, den Text für dich ganz langsam zu lesen.

> Setz dich hin und atme ganz ruhig aus und ein. – Höre auf deinen Atem. – Du wirst immer ruhiger. – Ganz ruhig wirst du. – Alles ist friedlich. – Du fühlst dich wohl. –
>
> Nun stellst du dir vor, du stehst in einem Wald – vielleicht eine Stelle in deinem Wald – in deinem Lieblingswald – deine Stelle. – Vielleicht taucht auch irgendein Bild vor deinen inneren Augen auf. –
>
> Du stehst ganz einfach da, – hörst die Vögel singen, – fühlst die warme Luft um dich herum, – hörst das leise Wispern der Blätter. –

Du spürst deine Füße auf dem weichen Waldboden. – Sie stehen fest auf dieser Erde, deine Füße, – fest und ruhig. – Du bist ganz dort in deinem Wald. – Du fühlst dich frei und ruhig. – Du fühlst dich geborgen und sicher. – Ganz ruhig! –

Ein schmaler Sonnenstrahl ist durch eine Lücke im Blätterdach hindurch – auf dich gefallen. – Er trifft deinen Scheitel. – Du spürst eine kleine Wärme auf deinem Kopf. – Du fühlst dich wohl! –

Und nun ergießt sich plötzlich ein breiter goldener Strahl von oben auf dein Haupt. – Er flutet durch dein Kronenchakra hindurch in dich hinein – und durchströmt dich – von oben bis unten – mit hellem Licht. –

Voller Staunen und Freude empfängst du diese Helligkeit in dir. – Alles ist plötzlich klar und weit. – Wie eine Krone leuchtet dein Scheitelchakra. –

Du fühlst, wie der Strahl in dir die Stelle des dritten Auges berührt, – deinen Wohlfühlpunkt! – Und wenn du diese Berührung des Lichtpunktes spürst, dann lächelst du! –

Nun fühlst du den Lichtstrahl in deinem Herzen! – Dein Herz ist voller Licht. – Ein warmes, liebevolles Leuchten macht dich froh. – Du weißt, dass du voller Liebe sein kannst. – Du weißt, dass du voller Liebe bist. – Du weißt, dass dein göttlicher Kern dich mit allen Geschwistern auf dieser Erde verbindet.–

Spüre dieser liebevollen, warmen Empfindung nach. – Denke an alle deine Lieben! – An Mama, – an Papa, – an deine Geschwister und Freunde, – an deine Großeltern und andere liebe Menschen, – an deine Tiere, – an deinen Garten mit allen Pflanzen, – (hier kann man alles einfügen, was im Moment wichtig ist, hier kann man auch seine Liebe über die ganze Welt schicken).

Du fühlst das Licht in deinem ganzen Wesen. –

Auch das Solarplexus-Chakra, der Sitz deiner irdischen Persönlichkeit, leuchtet nun wie eine Sonne. – Du fühlst das Leuchten in deinem ganzen Wesen. –

Und nun fühlst du ganz deutlich deine Fußchakras, – da, wo sie den Boden berühren. – In ihnen vermischt sich das warme Rot der Erdausstrahlung mit dem Licht des goldenen Strahls, das durch dich hindurch strömt. –

Weit und offen lassen die Fußchakras den Strahl hindurch, – der tief in die Erde eindringt. – Du segnest die Erde mit diesem göttlichen Strahl, – den du empfängst – und durch dich hindurch strömen lässt. –

Und plötzlich weißt du, dass die Bäume um dich herum deine Geschwister sind. – Auch sie empfangen den goldenen Strahl und segnen die Erde mit ihm. –

Nun spürst du, wie die Stärke des Lichts langsam nachlässt. –

Wir wollen wieder in die Gegenwart zurückkehren, – in diesen Raum. – Du kommst aus dem Wald zurück. - Du weißt wieder, wo du jetzt in Wirklichkeit bist. – Du merkst wieder deinen Atem. – Du atmest aus, – und du atmest ein. – Lass deine Augen noch zu! – Wir hören leise Geräusche. –

Und nun klatsche dreimal in die Hände, ganz fest – und zähl mit: 1–2–3 – Nun kannst du die Augen aufmachen. – Wenn du noch nicht ganz da bist, kannst du noch deine Ohren massieren oder im Zimmer herumhüpfen.

Zum Schluss bedanke ich mich bei dir. Wenn dir etwas eingefallen ist, was unbedingt noch mit in mein Buch hinein sollte, dann schreib es mir bitte. Du kannst aber auch selbst ein Buch schreiben. Das ist noch viel besser!

Notizen:

Benutzte und empfohlene Literatur

Michael Ende: Das Schnurpsenbuch. Thienemann Verlag.

Ian Stevenson: Reinkarnation. Aurum Verlag.

Joanne Klink: Früher, als ich groß war. Aquamarin Verlag.

Otfried Preußler: Der Räuber Hotzenplotz. Thienemann Verlag.

Otfried Preußler: Der kleine Wassermann. Thienemann Verlag.

Astrid Lindgren: Tomte Tummetott. Oetinger Verlag.

Dora Kunz (Dora van Gelder): Im Reich der Naturgeister. Knaur.

Flower A. Newhouse: Im Reich der Erzengel. Aquamarin Verlag.

Flower Newhouse: Die Engel der Natur. Aquamarin Verlag.

Marc Pogacnik: Wege der Erdheilung. Knaur Esoterik.

Ravi Ravindra: Mystisches Christentum. Fischer Spirit.

Eugen Drewermann: Ich steige hinab in die Barke der Sonne. Walter Verlag.

Willigis Jaeger: Die Welle ist das Meer. Herder Spektrum.

Marianne Fredrikson: Maria Magdalena. Fischer Taschenbuch.

Luise Rinser: Mirjam. Fischer Taschenbuch.

Klaus Holitzka: Christliche Mandalas. Schirner Verlag.

Gertrud Erni: Die Vaterunser – Chakren – Meditation. Knaur Esoterik.

Arnold Bittlinger: Der Weg Jesu – Urbild unseres Weges. Knaur Esoterik.

Christina Björk, Lena Anderson : Linneas Jahrbuch.“ Bertelsmann.

Sabrina Fox: Wie Engel uns lieben. Knaur Esoterik.

Weitere Bücher aus dem Verlag Via Nova:

Im Dialog mit dem Ungeborenen

Maria Theresia de Jong

Hardcover, 168 Seiten – ISBN 3-936486-68-9

Schwangere haben die einzigartige Gabe, mit ihren noch ungeborenen Kindern zu kommunizieren. Über Gefühle, über die Haut, über die vielbeschworene Intuition können sie bereits viel über ihr Kind erfahren. Diese innere Stimme zu schulen und ihr zu vertrauen ist gerade in unserer technikdominierten Schwangerenvorsorge eine besondere Notwendigkeit. Das innere Band zwischen Mutter und Kind ist gerade in der vorgeburtlichen Situation besonders stark. Geboren werden und Gebären sind mehr als rein biologisch-medizinische Vorgänge. Werden die seelischen Dimensionen vernachlässigt, hat dies weitreichende Folgen: für das Individuum – aber auch für die Gesellschaft. Im Buch werden unterschiedliche Herangehensweisen vorgestellt, wie das innere Band zwischen Mutter und Kind gestärkt werden kann. Im Übergang zwischen den Welten – und ein solcher ist die Schwangerschaft – liegt eine verborgene Kraft, die es zu nutzen gilt.

Spirituelle Erziehung

Hilfreiche Ratschläge – Praktische Weisheit

Lee Lozowick

Gebunden, 312 Seiten – ISBN 3-928632-51-5

Praktischer Ratgeber für Eltern und Erzieher, die im Umgang mit Kindern ein größeres Maß an Bewusstheit, Freundlichkeit und Mitgefühl sowie mehr Ehrlichkeit im Verhältnis zu sich selbst in die Erziehung einbringen wollen. Das Buch will Eltern in ihrer wichtigen Erziehungsarbeit helfen und Kindern einen optimalen Start verschaffen.

Dieses Buch richtet sich an all jene, die für die Erziehung Weisung aus einer höheren Ebene empfangen wollen. Spirituelle und bewusste Erziehung könnte man zusammenfassen: Liebe und Zuneigung entwickeln, lebensbejahende Grenzen für unsere Kinder aufzeigen und Ehrlichkeit uns selbst und unseren Kindern gegenüber aufbringen.

Hauptelement jeder Kindererziehung ist das Vorbild der Eltern. Da wir unseren Kindern nichts geben können, was wir selbst nicht besitzen, fordert der Autor Eltern und Erzieher dazu auf, die das eigene Leben beherrschende Ichbezogenheit, Ignoranz und mangelnde Bewusstheit genau unter die Lupe zu nehmen, weil sie das Glück und Wohlbefinden unserer Kinder gefährden.

Wenn es verletzt, ist es keine Liebe

Chuck Spezzano

9. Auflage

Gebunden, 416 Seiten – ISBN 3-928632-20-5

Dieses Buch verändert Ihr Leben. Ein Wissender zeigt den Weg, wie Sie ein Leben führen können, das erfüllt ist von Liebe und Verstehen, von Freude und Glück. Sie erfahren in 366 Kapiteln wichtige Lebensgrundsätze, die Ihre zwischenmenschlichen Beziehungen auf eine höhere Ebene heben.

Die Weisheit der Liebe, die der Verfasser in jahrzehntelanger Forschungsarbeit als Psychotherapeut, als weltweit bekannter Seminarleiter, als visionärer Lebenslehrer entdeckt und in klare Weisungen umgesetzt hat, verwandelt Sie und berührt Ihr wahres Wesen, das Liebe ist. Durch die angebotenen Übungen, die das theoretisch Erkannte auch in den praktischen Alltag umsetzen, wird das Buch zu einem Wegbegleiter und Ratgeber in bedrängenden Beziehungsnöten. Wenn Sie Schritt für Schritt in die wichtigsten Grundprinzipien der Liebe eingeführt werden, reifen Sie in Ihrer Selbsterkenntnis, können Ihre Beziehungen in Partnerschaft und Freundschaft neu ordnen, vertiefen und intensivieren. Sie können die Ursachen für Ihre Schwierigkeiten in der Liebe erkennen, Blockaden auflösen und seelische Wunden heilen lassen.

50 Wege, loszulassen und glücklich zu sein

4. Auflage

Wegweiser, Vergangenes loszulassen und glücklich in der Gegenwart zu leben

Chuck Spezzano

Hardcover, 168 Seiten – ISBN 3-936486-20-4

Dieses Buch des weltweit bekannten Lebenslehrers Chuck Spezzano ist ein wichtiger Wegweiser für alle, die einen Ausweg aus ihrer Lebenskrise suchen, eine Veränderung in ihrem Leben herbeiführen und eine bessere und glücklichere Gegenwart und Zukunft für sich eröffnen wollen. In kurzen und einprägsamen Lektionen erklärt der Verfasser an vielen Beispielen, wie alte Muster aus der Vergangenheit unser Handeln in der Gegenwart beeinflussen, und macht deutlich, dass wir nur dann wahrhaftig glücklich sein können, wenn wir die Fähigkeit entwickeln, Vergangenes loszulassen. Die Wahrheit seiner Lehren und Prinzipien erweist sich immer wieder in ihrer praktischen Umsetzung im Alltag, ganz gleich, ob die Krise durch den Verlust einer Beziehung, den Tod eines geliebten Menschen oder den Verlust der Gesundheit oder des Arbeitsplatzes ausgelöst wurde. Dieses Buch wird zu einem Ratgeber, Lehrer und weisen Freund werden, der dem Leser jederzeit hilfreich zur Seite steht.

Die unbegrenzten Dimensionen deiner spirituellen Kraft

Ein inspirierender Wegweiser zur persönlichen Freiheit

Nick Williams

Paperback, 280 Seiten – ISBN 3-936486-70-0

Macht und Kraft faszinieren uns alle. Doch in weiten Teilen der Welt können wir beobachten, welche verheerenden Folgen es hat, wenn Macht falsch verstanden wird. Nick Williams spricht in diesem bahnbrechenden Buch von einer ganz anderen Macht: der Macht der Liebe, der Inspiration und der Kreativität. Wir können eine unglaublich positive Entwicklung erfahren, wenn wir die mystische Kraft der Liebe in den Mittelpunkt unseres Lebens stellen. Der Autor erinnert uns daran, dass wir aus uns selbst heraus ungeheuer kraftvoll und nicht darauf angewiesen sind, Macht von außen verliehen zu bekommen. Unsere spirituelle Kraft liegt in dem Wissen, dass wir die Quelle unserer Gedanken transformieren können: von der Angst zur Liebe. Nick Williams zeigt uns in praktischen Schritten, wie das gelingt.

Kultur des Wohlwollens

Aus der Kraft des Herzens leben

Helga Kerschbaum

Hardcover, 248 Seiten – ISBN 3-936486-45-X

Die Kultur des Wohlwollens will in einer Zeit der Pluralitäten, Multipolaritäten und Spaltungen ein Bewusstsein für das „allen Gemeinsame" bilden und auch jene Einheit bewusst machen, die erst alle Vielheit schafft. Sie sucht das Verbindende, die gemeinsame Wurzel der Kulturen und Religionen. Sie beruht auf einem Wohlwollen, das in der Spiritualität grundgelegt ist und auch als „aktives Mitgefühl" bezeichnet werden kann. *„Kultur des Wohlwollens"* beschreibt das kultur- und religionsübergreifende Urmuster des allem zugrunde liegenden Seins. Aus diesem wird eine Ethik, die zu Handlungsweisheit führt, entwickelt. Aus einer holistischen Weitsicht und den großen spirituellen Menschheitserfahrungen werden jene Segenswerte formuliert, die zu den fundamentalen Bedürfnissen gelungenen Lebens gehören. „Darin liegt aber gerade die Stärke dieses Buches, dass es Einsicht und Motivation bringt, die aus der Tiefe unseres Menschseins kommen. Die Liebe und die Sorge um unsere Spezies hat dieses Buch geschrieben." *Willigis Jäger in seinem Geleitwort*

Rückkehr zur Quelle

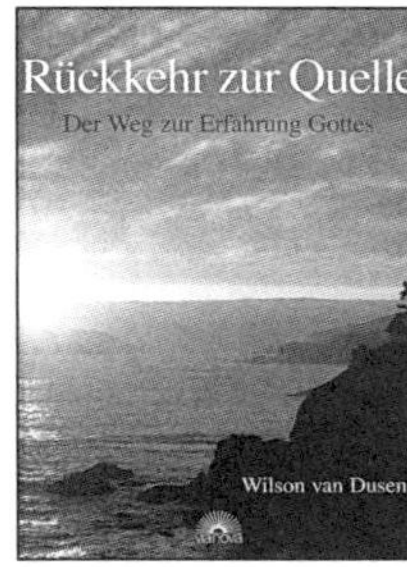

Der Weg zur Erfahrung Gottes

Wilson van Dusen

Paperback, 312 Seiten – ISBN 3-936486-61-1

Wilson van Dusen macht in diesem Buch deutlich, dass Gotteserfahrungen weder selten noch schwierig zu erlangen sind. Es ist vielmehr unser menschliches Verständnis, das der Verbesserung bedarf, um die kleinen, oft scheinbar alltäglichen Zeichen zu erkennen, die Gottes Gegenwart offenbaren. Schrittweise wird der Leser in diesem spannenden Buch an Wege zur un-mittelbaren Gotteserfahrung herangeführt, indem der Verfasser einfühlsam und humorvoll zugleich verschiedene Aspekte mystischer Erfahrung darstellt und kleinere und größere Veränderungen in der Wahrnehmung und im Verständnis des Gott Suchenden beschreibt, die ihn zum Prozess der Gotteserfahrung hinführen. Dabei beschränkt er sich nicht auf eine bestimmte Religion, sondern erschafft aus verschiedenen Traditionen eine Synthese, die frei von jeglicher Doktrin ist.

Der innere Schrei nach Erlösung

Befreiung von innen

François Brune

Gebunden, 256 Seiten – ISBN 3-928632-44-2

Die Welt als Hologramm – Erlösung von innen

Während viele das Ende des Christentums voraussagen, unterstreicht der Verfasser die absolut einzigartige Bedeutung des Christus für die Entwicklung der Menschheit. Anders als die philosophische Theologie ist die mystisch-holographische Theologie darauf ausgerichtet, von innen heraus wirksam zu werden. Der Autor bezieht in seine Betrachtungen auch Heilswege anderer Religionen, besonders die Bedeutung des Karma mit ein und betrachtet auch die christlichen Sakramente unter dem mystischen Aspekt.

Brune versteht die Welt als ein Hologramm, in dem alles mit allem verbunden ist, also auch jede Seele mit jeder anderen – und mit Christus, der aus der Tiefe einer jeden Menschenseele als Mittelpunkt des kosmischen Hologramms erstrahlt. Unfassbar? Aber wie, wenn es wahr wäre? Das gilt es in diesem Buch zu entdecken, das so fesselt wie eine Abenteuerreise – die Reise in die mystische Erfahrung.

Geh den Weg der Mystiker

Meister Eckharts Lehren für die spirituelle Praxis im Alltag

Peter Reiter

Hardcover, 304 Seiten – ISBN 3-936486-37-9

Noch nie war Mystik so spannend, so aufregend! Zeitgemäß, lebendig und alltagsorientiert vermittelt der Meister-Eckhart-Experte Peter Reiter die Lehre des größten deutschen Mystikers – exemplarisch für alle mystischen Traditionen. Die Kraft und Inspirationen der Lehre Meister Eckharts werden hier so vermittelt, dass sie direkt ins Herz des Lesers fließen. Schritt für Schritt begleitet Peter Reiter den Suchenden an den Ort, wohin der alte Meister schon seine Zuhörer führte: zur unmittelbaren Erfahrung des All-Eins-Seins inmitten der Welt, ins Hier und Jetzt! In allen Lebensbereichen kann das Göttliche geahnt, gefühlt und erfahren werden. Der Weg zum Ziel führt mit entsprechenden Übungen über verschiedene Etappen: Mitgefühl mit allem Sein, leben in Gelassenheit, Widerstand aufgeben, die Welt annehmen, Verantwortung übernehmen, Altes bereinigen, Bewerten und Verurteilen sein lassen, mit Trauer und Leid umgehen und die Liebe leben. Die Übungen im Geiste Eckharts stammen aus verschiedenen mystischen Schulen und geistigen Traditionen.

Das Herz wieder öffnen

Krisen als Entscheidung zur Wende

Ulrike Parnreiter-Fingerl

Hardcover, 184 Seiten – ISBN 3-936486-64-6

Ulrike Parnreiter-Fingerl legt offen ihre eigene große Krise als Studentin dar. Dabei wagt sie den Spagat, sich auf der einen Seite als die zu zeigen, die sie in ihren Gedichten zur jeweiligen Zeit war. Auf der anderen Seite interpretiert sie aus ihrer heutigen Sicht als Psychotherapeutin ihre damaligen Texte und reiht sie in das durchgängige Thema der Herzöffnung ein." Wir müssen über Krisen reden, damit wir nicht allein sind mit und in ihnen. Krisen sind keine Schande. Krisen können vielmehr wertvolle Wendepunkte im Leben sein, wenn wir es wagen, in unseren Ab-Grund zu steigen und uns in unserer Tiefe neu zu entdecken." Ein ehrliches Buch, voller Weisheit und Spiritualität, voller Liebe und Kraft. Ein bedingungslos positives Buch und ein Lichtblick für alle, die gerade im Dunklen stehen.

Sieben Wege glücklicher zu werden

7 Tage – 7 Chancen

Gertrud Hirschi

Paperback, 192 Seiten, 50 Grafiken, Zweifarbendruck
ISBN 3-936486-52-2

Es gibt viele Wege nach Rom und sicher noch mehr Wege zum Glück. Gertrud Hirschi hat in ihrem fünften Buch einen originellen Zugang gewählt – die Wochentage. Jeder von ihnen bekommt seine besondere Qualität zugeordnet – das Licht dem Sonntag, die innere Freiheit dem Montag, die Tatkraft dem Dienstag, die geistige Klarheit dem Mittwoch, der Reichtum dem Donnerstag, die Liebe und Freundschaft dem Freitag und Innerlichkeit und Grenzüberschreitung dem Samstag. Damit ist nicht gemeint, dass zum Beispiel ausschließlich der Sonntag der Tag des Lichts ist, vielmehr dass an diesem Tag das Licht bewusst in den Mittelpunkt gestellt wird und von da in die ganze Woche ausstrahlt. Die Autorin knüpft dabei an die Zuordnung der Wochentage zu den Planeten an und arbeitet an deren Qualitäten die Kräfte heraus, die den Menschen zu einem glücklicheren Leben verhelfen können. Meditationen, Mudras, Atemübungen, positive Leitsätze und Yoga-Körperhaltungen sind die Begleiter auf diesem Weg, und sie werden unterstützt durch Farben, Musik, kulinarische Genüsse und Düfte.

Kreative Wunscherfüllung

Die kosmischen und irdischen Gesetze des Wünschens

Hans Vater

Hardcover, 256 Seiten – ISBN 3-936486-16-6

Wunscherfüllung ist kein Luxus. Denn unerfüllte Wünsche halten uns fest; erfüllte Wünsche dagegen machen uns frei, voranzuschreiten zu neuen und beglückenderen Stufen des Lebens. Hans Vaters praktisches und zugleich tiefgründiges Weisheitsbuch gibt die Methoden und Techniken an die Hand, unsere Wünsche zu verwirklichen. Es analysiert eingehend die Gesetze und Prinzipien, die hinter den einzelnen Wunschtechniken stehen und die sie wirksam machen. Diese Gesetze sind die Regeln des großen kosmischen Schöpfungsspiels, welches wir in Gottes Auftrag mitgestalten und dessen Ziel es ist, uns zu der Einheit zurückzuführen, die wir in Wahrheit nie verlassen haben. Das Buch zeigt uns, wie wir durch die Anwendung der mächtigen Seinsgesetze unser Leben gesünder, glücklicher und erfolgreicher gestalten können. Das Verständnis dieser Gesetze hinterlässt beim Leser ein tiefes Gefühl der Geborgenheit und des Vertrauens in ein geordnetes und liebevolles Universum.